Dr. Oetker

Besser iss das!
Gesünder kochen für Kinder

Dr. Oetker

Besser iss das!
Gesünder kochen für Kinder

Dr. Oetker Verlag

Vorwort

Ausgewogene Ernährung für die ganze Familie

Bieten Sie Ihren Kindern täglich ein ausgewogenes Essen mit viel frischem Gemüse, leckerem Obst, Vollkorn- und erfrischenden Milchprodukten als eine Selbstverständlichkeit an und leben Sie eine gesunde Ernährung mit Genuss vor. Je abwechslungsreicher Sie die Mahlzeiten zubereiten, desto mehr wichtige Nährstoffe nehmen Sie und Ihre Kinder täglich auf. Bereiten Sie das Essen kindgerecht zu und richten Sie dieses appetitlich, z. B. auf bunten Tellern an.

Für die ganze Familie haben wir auf den folgenden Seiten über das Frühstück bis hin zum Abendbrot leckere und ausgewogene Rezepte zusammengestellt. Natürlich darf auch mal ein Stück Kuchen nicht fehlen.

Infos zur richtigen Ernährung finden Sie in den Tipps jeweils bei den Rezepten und etwas detaillierter im letzten Kapitel des Buches. Und damit Ihre Familie wieder aktiver wird, runden Bewegungstipps das Thema ab.

So erleben Sie zusammen wieder glückliche Familienmomente, bei leckerem Essen, gemeinsamen Aktivitäten und dabei werden Sie jede Menge Spaß haben!

Rezeptübersicht: Die 7-Tage-Woche

	1. Tag	2. Tag	3. Tag	4. Tag	5. Tag	6. Tag	7. Tag
Frühstück	Powerbrötchen „Cheesy" *Seite 6*	Guten-Morgen-Müsli *Seite 8*	Vitamin-Starter *Seite 10*	Bunter Brotteller *Seite 12*	Schnellstarter-Frühstück *Seite 14*	Fruchtige Käsebrötchen *Seite 16*	Frühstück „Schokotraum" *Seite 18*
Pausenbrot	Lieblingsbrot „rot-grün" *Seite 20*	Torjägers Kraftbrot *Seite 22*	Krümelmonster *Seite 23*	Powerpäckchen *Seite 24*	Pausenpaket „Süße Maus" *Seite 25*	Freches Früchtchen *Seite 26*	Schlumpfs Pausenbrot *Seite 27*
Mittagessen	Konfettibällchen mit Nudeln und geschmorten Tomaten	Bratfisch mit Kartoffelpüree „Piratenschmaus"	Max Lieblingslasagne	Gemüsetopf „Sterntaler"	Asia-Pfanne „Karate King"	Spaghetti mit Petersiliensauce und Tomatensalat	Buntes Ofengemüse mit Käsehäubchen
Desserts	Apfelschnee *Seite 28*	Himbeer-Kefir-Dessert *Seite 30*	Vanille-Erdbeer-Pudding *Seite 32*	Birne im Schokoladenpudding *Seite 34*	Vanilleeis mit Blaubeerkompott *Seite 36*	Rote Grütze *Seite 38*	Quarkcreme „Bienchen" *Seite 40*
Snacks*	Knusperhappen *Seite 42*	Käselanze „Robin Hood" *Seite 44*	Körnchen im Nest *Seite 46*	Apfel-Möhren-Drink „Rabbits Traum" und Knabberteller *Seite 48*	Leuchtturm *Seite 50*	Hirtenbrötchen *Seite 52*	Zaubertrank und Hexenschmaus *Seite 54*
Abendbrot	Toast „Bandito" und Salatteller *Seite 56*	Weizen-Früchte-Salat *Seite 58*	Zazikiteller mit Bistrobaguette „Herkules" *Seite 60*	Basilikum-Kartoffelsalat *Seite 62*	Tortilla Mexicana im Salatbett *Seite 64*	„Potatoe Joe" Sesamkartoffeln mit Dip *Seite 66*	Rohkostplatte mit Chickenburger „Hawaii" *Seite 68*
Backen *	Pfirsich-Streifen-Kuchen *Seite 70*	Vitaminchen-Torte *Seite 72*	Buttermilchecken *Seite 74*	Tigerrolle *Seite 76*	Himbeer-Zitrus-Tarteletts *Seite 78*	Freds Käsetorte *Seite 80*	Aprikosen-Quark-Gugelhupf *Seite 82*
	Ananastorte *Seite 84*	Apfelschnecken *Seite 86*	Aprikosen-Quark-Fladen *Seite 88*	Aprikosen-Streuselkuchen *Seite 90*	Hefewaffeln *Seite 92*	Käse-Beeren-Torte *Seite 94*	Sauerkirsch-Schoko-Muffins *Seite 96*

*Ein Snack ist mit einem Stück Kuchen austauschbar.

Die Rezepte wurden für eine 4-köpfige Familie entwickelt.
Dabei wurden folgende Altersgruppen berücksichtigt:
Vater und Mutter jeweils 25–51 Jahre alt.
Mädchen: 7–10 Jahre alt
Junge: 10–13 Jahre alt

Bitte beachten Sie, dass die Kinder nicht die gleichen Portionsmengen bekommen wie die Erwachsenen, sondern entsprechend weniger!

Powerbrötchen „Cheesy"

Zutaten:

4 Weizenvollkornbrötchen
4 Scheiben Roggenvollkornbrot
100 g Frischkäse mit Joghurt (16% Fett)
2 TL Butter oder Margarine
1 großer Apfel
1 Bund Radieschen
1 EL flüssiger Honig
Jodsalz
1 Beet Kresse
4 Scheiben Edamer Käse
   (30% Fett i. Tr.)

Getränk:
1 Kanne Früchtetee.

1. Brötchen und evtl. Brotscheiben halbieren. Weizenbrötchen mit Frischkäse, Roggenbrot mit Butter oder Margarine bestreichen.

2. Apfel und Radieschen waschen. Apfel vierteln, das Kerngehäuse entfernen, Apfel in Spalten schneiden. Radieschen putzen.

3. Vier Weizenbrötchenhälften mit den Apfelspalten belegen, mit dem Honig beträufeln.

4. Radieschen in Scheiben schneiden, auf den restlichen Weizenbrötchen verteilen und etwas salzen. Kresse abspülen, vom Beet schneiden, die Brötchenhälften mit Kresse bestreuen.

5. Roggenbrot mit Käse belegen, mit Kresse bestreuen.

Besonders in Getreide, Getreideprodukten sowie in Obst, Gemüse und Hülsenfrüchten stecken die Ballaststoffe.

Zubereitungszeit:
15 Minuten

Pro Portion:
E: 15 g, F: 11 g, Kh: 56 g,
kJ: 1663, kcal: 396

Guten-Morgen-Müsli

Zutaten:
500 g fettarmer Joghurt
   (1,5% Fett)
200 g Früchte Müsli
2 Bananen
2 Nektarinen (oder Pfirsiche)
2 EL flüssiger Honig

Zubereitungszeit:
10 Minuten

Pro Portion:
E: 10 g, F: 5 g, Kh: 60 g,
kJ: 1429, kcal: 342

1. Joghurt und Müsli auf vier Schälchen verteilen.

2. Bananen schälen. Nektarinen (Pfirsiche) waschen und trocken tupfen. Früchte in Scheiben oder Würfel schneiden, zum Müsli geben und mit Honig beträufeln.

Getränk:
1 Kanne Früchtetee.

Diejenigen, die ausgewogen frühstücken, sind im Unterricht konzentrierter, besser gelaunt und aktiver als Frühstücks-Muffel.

Vitamin-Starter

Zutaten:
4 Orangen
1 Grapefruit
1 EL flüssiger Honig
Mineralwasser
500 g Kefir (1,5% Fett)
1 Stück (300 g) Honigmelone
200 g Knusper Müsli mit Rosinen und
   Weizenkeimen

Zubereitungszeit:
15 Minuten

Pro Portion:
E: 11 g, F: 10 g, Kh: 64 g,
kJ: 1600, kcal: 381

1. Orangen und Grapefruit halbieren und auspressen. Den Saft mit Honig in einen Mixbecher geben, gut durchmixen.

2. Saft auf vier Gläser verteilen und mit einem Schuss Mineralwasser auffüllen.

3. Kefir auf vier Müslischalen verteilen. Melone schälen, würfeln und darauf anrichten. Müsli darauf streuen.

Mein Kind mag kein Wasser, da es nach „nichts" schmeckt!

Dann peppen Sie es einfach mit ein paar Spritzern Zitronensaft auf oder probieren Sie aromatisiertes Mineralwasser mit Zitronengeschmack. Doch aufgepasst: Werfen Sie bei den aromatisierten Mineralwässern unbedingt einen Blick auf die Zutatenliste. Bei manchen Produkten wird Zucker zugesetzt.

„Und wie viel?

Kinder brauchen je nach Alter, Bewegung und Temperaturen 1,0 bis 1,5 Liter Flüssigkeit pro Tag – das entspricht rund 5 bis 6 Gläsern oder 1,5 bis 2 Flaschen Mineralwasser."

Bunter Brotteller

Zutaten:

4 Scheiben Vollkorntoast
4 Scheiben Vollkornbrot
40 g Butter oder Margarine
4 TL Erdbeerkonfitüre
4 dünne Scheiben
   gekochter Schinken ohne Fettrand
1 rote Paprika
1 Bund Schnittlauch

Zubereitungszeit:
15 Minuten

Pro Portion:
E: 15 g, F: 15 g, Kh: 49 g,
kJ: 1693, kcal: 405

1. Toastbrot toasten. Brot- und Toastscheiben mit Butter oder Margarine bestreichen. Toastscheiben mit Konfitüre bestreichen.

2. Vollkornbrote dünn mit Schinken belegen. Paprika waschen, halbieren, die weißen Scheidewände entfernen und in Streifen schneiden.

3. Schnittlauch abspülen, trocken tupfen, in Röllchen schneiden und beides auf den Schinkenbroten verteilen.

Getränk:
Pro Person 150 ml fettarme Milch. Für die Erwachsenen die Milch nach Belieben mit starkem Kaffee auffüllen und als Milchkaffee servieren.

Und wie viel Milch am Tag?

Kinder sollten drei Portionen Milch und Milchprodukte am Tag verzehren. Das sind zum Beispiel ein Glas Milch zum Frühstück, plus eine Scheibe Käse auf das Pausenbrot, plus ein Joghurt am Nachmittag.

Schnellstarter-Frühstück

Zutaten:
4 Eier (Größe M)
4 Roggenbrötchen
1 EL Butter
2 TL Senf
50 g Lachsschinken
4 kleine Gewürzgurken
Jodsalz

Zubereitungszeit:
15 Minuten

Pro Portion:
E: 22 g, F: 13 g, Kh: 43 g,
kJ: 1651, kcal: 395

1. Eier etwa 6 Minuten kochen, abschrecken und pellen. Brötchen aufschneiden. Wahlweise mit Butter oder Senf bestreichen, mit Lachsschinken und Gewürzgurken belegen.

2. Eier halbieren, evtl. salzen und dazu essen.

Getränk:
800 ml Kakaotrunk aus fettarmer Milch und 2 EL Kakaopulver.

__Milch ist kein Durstlöscher!__
Wegen ihres hohen Nährwertes gilt Milch nicht als Getränk, sondern als flüssiges Lebensmittel.

Fruchtige Käsebrötchen

Zutaten:

4 Mehrkornbrötchen
4 Scheiben Mehrkorntoast
200 g körniger Frischkäse (10% Fett)
4 EL Pflaumenmus
75 g Camembert
   (30% Fett i. Tr.)
8 frische Pflaumen

Zubereitungszeit:
15 Minuten

Pro Portion:
E: 19 g, F: 6 g, Kh: 69 g,
kJ: 1646, kcal: 392

1. Die Brötchen aufschneiden und das Toastbrot toasten. Die Brötchen mit dem Frischkäse bestreichen. Darauf je ½ Esslöffel Pflaumenmus geben.

2. Das Toastbrot dünn mit dem Camembert belegen.

3. Pflaumen waschen, trocken tupfen, halbieren, entsteinen, in Spalten schneiden und die Camemberttoasts damit belegen.

Getränk:
1 Kanne Orangen-Früchtetee (Fertigmischung).

Ballaststoffe (Nahrungsfasern) sind kein unnötiger Ballast!

Ballaststoffe sind unverdauliche Pflanzenbestandteile, die keine Energie liefern. Trotzdem sind sie nicht nutzlos, sondern ein wichtiger Bestandteil der gesunden Ernährung: Sie regen zum Kauen an und sättigen langanhaltend. Im Dickdarm werden sie wirksam, indem sie die Darmtätigkeit unterstützen, Verstopfung verhindern oder beseitigen, Hämorrhoiden vorbeugen und vor Darmkrebs schützen können, da sie im Darm krebserregende Stoffe binden und abtransportieren können. Außerdem beugen sie einem zu hohen Cholesterin- und einem zu hohen Blutzuckerspiegel vor. Damit sind sie der beste Schutz vor Herz-Kreislauf-Erkrankungen.

Frühstück „Schokotraum"

Zutaten:
150 g Schoko Müsli
500 ml (½ l) fettarme Milch (1,5 %)
4 Scheiben Vollkorntoast
2 große Bananen
1 TL Schokoladenpulver

Zubereitungszeit:
10 Minuten

Pro Portion:
E: 12 g, F: 7 g, Kh: 64 g,
kJ: 1613, kcal: 384

1. Müsli und Milch auf vier Schälchen verteilen.

2. Toast im Toaster toasten. Bananen schälen und in Scheiben schneiden. Auf die Toastbrote legen und dünn mit Schokoladenpulver bestäuben.

Getränk:
1 Kanne Malventee mit dem
Saft von 2 Orangen.

Kräftige Energiebündel: Getreide und Kartoffeln

Getreideprodukte – also Brot, Backwaren, Getreideflocken, Nudeln und Reis – sowie Kartoffeln sind die Basis einer gesunden Kinderernährung. Sie liefern Stärke als ideale Energiequelle und sind reich an Vitaminen, Mineral-, Ballast- und sekundären Pflanzenstoffen, enthalten aber kaum Fett. Die wertvollen Inhaltsstoffe, die die Getreideprodukte mitbringen, befinden sich vor allem in den Randschichten sowie im Keimling des Getreidekorns. Essen Sie und Ihre Kinder deshalb am besten mindestens die Hälfte der Getreideprodukte in Form von Vollkornprodukten.

Lieblingsbrot „rot-grün"

Zutaten:
4 Scheiben Vollkornbrot mit
   Sonnenblumenkernen
4 EL Frischkäse mit Joghurt
   (16 % Fett)
4 große Salatblätter
4 Möhren (je 100 g)

Zubereitungszeit:
10 Minuten

Pro Portion:
E: 7 g, F: 3 g, Kh: 44 g,
kJ: 1057, kcal: 253

1. Brote mit Frischkäse bestreichen und halbieren. Salatblätter waschen, trocken tupfen und auf je ein Frischkäsebrot legen.

2. Die Möhren putzen, schälen, waschen und der Länge nach in dünne Scheiben schneiden. Auf den Salatblättern anrichten und mit der anderen Brothälfte bedecken.

Tipp:
Die Möhren lassen sich am besten mit einem Sparschäler in dünne Scheiben schneiden.

Getränk pro Portion:
200 ml Hagebuttentee und 100 ml Apfelsaft als Mixgetränk in eine unzerbrechliche Flasche füllen.

Achten Sie darauf, dass es sich bei dem Brot, das Sie kaufen, tatsächlich um Vollkornbrot handelt. Fragen Sie beim Fachverkäufer nach!

Torjägers Kraftbrot

Zutaten:

4 Scheiben Vollkornbrot
4 TL Remouladensauce
8 Salatblätter
4 Scheiben Hähnchensülze
2 rote Paprikaschoten

Zubereitungszeit:
10 Minuten

Pro Portion:
E: 13 g, F: 7 g, Kh: 34 g,
kJ: 1045, kcal: 250

Ernährungswissenschaftler empfehlen,
dass Kinder zwischen 7 und 10 Jahren
rund einen Liter pro Tag trinken sollten
und Jugendliche zwischen 15 und
19 Jahre 1,5 Liter.

1. Brote mit Remoulade dünn bestreichen.

2. Salatblätter waschen, trocken tupfen.
Je 2 Salatblätter auf eine Brotscheibe legen,
mit je einer Scheibe Sülze belegen. Brot halbieren
und zusammenklappen.

3. Paprika entstielen, entkernen, die weißen
Scheidewände entfernen, die Schoten waschen,
in breite Streifen schneiden und in 4 Portionen teilen.

4. Die Brote mit den Paprikastreifen in verschließbare Brotdosen legen.

Getränke pro Portion:
250 ml (¼ l) kalten Früchtetee in eine
unzerbrechliche Flasche füllen.

Tipps für mehr Bewegung:
Melden Sie Ihr Kind in einem
Sportverein seiner Wahl an.

Krümelmonster

Zutaten:

20 Vollkornkekse

8 Pflaumen oder 4 Äpfel

Zubereitungszeit:

3 Minuten

Pro Portion:

E: 5 g, F: 11 g, Kh: 24 g,
kJ: 947, kcal: 227

1. Je 5 Kekse mit gewaschenem, abgetrockneten Obst in eine Brotdose füllen.

Powerpäckchen

Zutaten:
600 g Weintrauben
8 Käsebällchen,
   z.B. Mini-Baby Bel (je 20 g)

Zubereitungszeit:
5 Minuten

Pro Portion:
E: 10 g, F: 9 g, Kh: 30 g,
kJ: 978, kcal: 234

1. Weintrauben waschen, trocken tupfen und in vier Portionen teilen.

2. Jede Weintraubenportion mit je 2 Käsebällchen in eine Brotdose füllen.

Essen Sie sich satt an Obst und Gemüse!

Pausenpaket „Süße Maus"

Zutaten:

4 kleine Bananen
4 Becher (je 150 g)
   Vanille Joghurt (3,5 % Fett)

Zubereitungszeit:

5 Minuten

Pro Portion:

E: 8 g, F: 2 g, Kh: 54 g,
kJ: 1113, kcal: 265

*Bei Obstmuffeln können Sie Früchte fein ge-
würfelt oder püriert in Pudding, Quarkspeisen,
Milchreis, Grießbrei, Fruchtsaucen oder Milch-
mixgetränken „verstecken".*

1. Je eine Banane in eine Brotdose und den Joghurt
in Plastikbeutel verpacken.

2. Löffel für den Joghurt nicht vergessen!

Tipps für mehr Bewegung:
*Erfüllen Sie Ihren Kindern Wünsche nach
Bewegungs-Spielzeug auch mal außer der
Reihe. Der neue Basketball wird sicherlich
sofort ausprobiert.*

Freches Früchtchen

Zutaten:

4 Becher (je 150 g) fettarmer Joghurt
 (1,5 % Fett)
8 EL Früchte Müsli
500 g Süßkirschen
 (oder Obst nach Saison)

1. Joghurt in je eine Plastiktüte packen und in jede Tüte einen Löffel dazulegen.

2. Je 2 Esslöffel Müsli gut verpacken. Die gewaschenen, abgetrockneten Früchte in 4 Portionen teilen, in je eine Brotdose füllen und das Müsli dazulegen.

Zubereitungszeit:
5 Minuten

Pro Portion:
E: 9 g, F: 2 g, Kh: 35 g,
kJ: 844, kcal: 201

Für starke Knochen: Milch und Milchprodukte
Kinder brauchen täglich Milch und Milchprodukte wie Quark, Joghurt, Dickmilch oder Käse. Milch ist unser bester Kalziumlieferant und daher sehr wichtig für einen gesunden Knochenaufbau. Übrigens, auch für Erwachsene sind Milch und Milchprodukte nötig, damit die Knochen im Alter ausreichend stabil bleiben.

Schlumpfs Pausenbrot

Zutaten:
8 Scheiben Knäckebrot
4 TL Remouladensauce
8 Salatblätter
4 Scheiben Emmentaler
20 Kirschtomaten
½ Salatgurke

Zubereitungszeit:
10 Minuten

Pro Portion:
E: 12 g, F: 14 g, Kh: 15 g,
kJ: 953, kcal: 228

1. Pro Portion 2 Scheiben Knäckebrot mit je 1 Teelöffel Remoulade dünn bestreichen. Salat putzen, waschen, trocken tupfen. Je 2 Salatblätter und je 1 Käsescheibe auf die eine Brotscheibe legen und mit der anderen abdecken.

2. Tomaten waschen, trocken tupfen. Salatgurke waschen, die Enden abschneiden und die Gurke in 20 Scheiben schneiden. Je 5 Kirschtomaten mit 5 Gurkenscheiben zusätzlich in jede Brotdose legen.

Nehmen Sie für sich und Ihre Kinder immer ein Getränk mit, wenn Sie unterwegs sind.

Konfettibällchen mit Nudeln und geschmorten Tomaten

Zutaten:

3 l Wasser

3 TL Jodsalz

300 g Vollkornnudeln, z.B. Spiralen

1 kleine Dose Mais
   (Abtropfgewicht 285 g)

1 rote Paprikaschote

1 Bund Frühlingszwiebeln

300 g gemischtes Hackfleisch

1 Eigelb (Größe M)

Jodsalz

½ TL Paprika edelsüß

frisch gemahlener weißer Pfeffer

1 EL Semmelbrösel

1 EL Olivenöl

500 g Tomaten

10 Stängel Basilikum

Zubereitungszeit:
30 Minuten

Pro Portion:
E: 27 g, F: 14 g, Kh: 59 g,
kJ: 2036, kcal: 487

1. Wasser in einem großen Topf mit geschlossenem Deckel zum Kochen bringen. Dann Salz und Nudeln zugeben. Die Nudeln im geöffneten Topf bei mittlerer Hitze nach Packungsanleitung kochen lassen, dabei zwischendurch 4–5-mal umrühren.

2. Mais auf einem Sieb gut abtropfen lassen. Paprika halbieren, entstielen, entkernen, die weißen Scheidewände entfernen, die Schote waschen. Frühlingszwiebeln waschen, putzen und beides in kleine Würfel schneiden.

3. Hackfleisch mit Eigelb, Salz, Paprika, Pfeffer, Semmelbröseln und der Hälfte der Paprika- und Frühlingszwiebelwürfel gut vermengen.

4. Aus der Masse mit nassen Händen 16 walnussgroße Bällchen formen. Öl in einer beschichteten Pfanne erhitzen und mit einem Backpinsel verstreichen. Hackbällchen darin von allen Seiten in etwa 5 Minuten knusprig braun braten.

5. Tomaten waschen, achteln, Stängelansätze entfernen und mit den restlichen Gemüsewürfeln und dem Mais zu den Bällchen in die Pfanne geben und 2–3 Minuten schmoren. Das Gericht auf Tellern mit Basilikumblättchen anrichten.

Und wie viel Fett am Tag?

Empfohlen werden rund 25 bis 30 Gramm Speisefett pro Tag und Kind. Das entspricht ungefähr 1,5 Esslöffeln Öl, zwei Teelöffeln Butter oder Margarine und einem Teelöffel Fett zum Braten.

Dessert
Apfelschnee

Zutaten:
4 große Äpfel
100 ml Apfelsaft
1 EL flüssiger Honig
1 Eiweiß (Größe M)
gemahlener Zimt

1. Äpfel schälen, vierteln und das Kerngehäuse entfernen. Apfelviertel mit Apfelsaft in einen Topf geben und in etwa 10 Minuten weich dünsten. Honig zugeben und alles pürieren.

2. Inzwischen das Eiweiß mit Handrührgerät mit Rührbesen steif schlagen, unter das heiße Apfelpüree ziehen und auf Portionsschälchen verteilen. Den Apfelschnee mit Zimt bestäuben.

Zubereitungszeit:
5 Minuten

Pro Portion:
E: 2 g, F: 0 g, Kh: 5 g,
kJ: 489, kcal: 117

Bratfisch mit Kartoffelpüree „Piratenschmaus"

Zutaten:
1 kg mehligkochende Kartoffeln
Jodsalz
800 g Seelachsfilet
Saft von ½ Zitrone
frisch gemahlener Pfeffer
50 g Vollkornmehl
2 EL Olivenöl
150 ml heiße fettarme Milch
   (1,5 % Fett)
geriebene Muskatnuss
½ rote Paprikaschote
1 Bund Schnittlauch

Zubereitungszeit:
40 Minuten

Pro Portion:
E: 43 g, F: 12 g, Kh: 43 g,
kJ: 1957, kcal: 466

1. Kartoffeln waschen, schälen, abspülen, in Stücke schneiden, in einen Topf geben, 1 Teelöffel Salz darüber streuen, mit Wasser knapp bedecken und zum Kochen bringen. Die Kartoffeln in 15–20 Minuten gar kochen.

2. In der Zwischenzeit Fisch unter fließendem kalten Wasser abspülen, gut trocken tupfen. Fischfilets mit Zitronensaft beträufeln, salzen und pfeffern. Die Fischfilets von beiden Seiten in Mehl wenden.

3. Öl in einer großen Pfanne erhitzen. Fisch hineingeben und von jeder Seite, je nach Dicke, 3–5 Minuten knusprig braun braten.

4. Von den Kartoffeln das Kartoffelwasser abgießen. Kartoffeln mit dem Stampfer zerdrücken. Milch nach und nach hinzugeben, gut umrühren, bis das Püree die gewünschte Konsistenz hat. Mit Muskat und Pfeffer würzen, nochmals umrühren und in eine Schüssel füllen.

5. Paprika und Schnittlauch waschen und trocken tupfen. Paprika halbieren, entstielen, die weißen Scheidewände entfernen. Paprikahälfte in kleine Würfel, Schnittlauch in kleine Röllchen schneiden und das Kartoffelpüree damit bestreuen.

6. Fisch aus der Pfanne nehmen und sofort dazu servieren.

Bereiten Sie Fisch nach der „3-S-Regel" zu: Säubern, Säuern, Salzen. Waschen Sie den Fisch unter fließendem kalten Wasser, trocknen Sie ihn ab, beträufeln Sie ihn mit Zitronensaft und salzen Sie ihn erst unmittelbar vor der Zubereitung.

Fisch

Seefisch ist unsere beste natürliche Jodquelle. Kein anderes hier übliches Lebensmittel enthält von Natur aus genügend Jod, um unseren Jodbedarf zu decken. Der Körper braucht Jod für den Aufbau der Schilddrüsenhormone, die lebenswichtige Aufgaben erfüllen. Erhält die Schilddrüse nicht ausreichend Jod, gleicht sie diesen Mangel durch Wachstum aus und es entsteht ein Kropf.

Je nach Sorte und Fettanteil haben insbesondere Seefische einen relativ hohen Gehalt an den sogenannten Omega-3-Fettsäuren. Sie können den Blutfettspiegel und den Blutdruck günstig beeinflussen und die Fließeigenschaft des Blutes verbessern.

Dessert

Himbeer-Kefir-Dessert

Zutaten:
1 Beutel Götterspeise
   Himbeer-Geschmack
100 ml Wasser
100 g Zucker
1 Becher (500 ml) Kefir (1,5 % Fett)
125 g Himbeeren
4 Blättchen Zitronenmelisse

1. Götterspeise nach Packungsanleitung, aber nur mit 100 ml Wasser und der angegebenen Zuckermenge, zubereiten und etwa 5 Minuten abkühlen lassen.

2. Kefir mit einem Schneebesen gut unterrühren, in vier Dessertschälchen füllen, kalt stellen und fest werden lassen.

3. Himbeeren verlesen und auf dem Himbeer-Kefir-Dessert verteilen, mit der Zitronenmelisse dekorieren.

Zubereitungszeit:
20 Minuten

Pro Portion:
E: 7 g, F: 2 g, Kh: 33 g,
kJ: 780, kcal: 187

Max Lieblingslasagne

Zutaten:
1 mittelgroße Zucchini
  (400 g)
2 Zwiebeln
1 EL Olivenöl
500 g passierte Tomaten (Tetrapack)
Jodsalz
1–2 TL Pizzagewürz
150 g TK-Erbsen
100 ml Gemüsebrühe
geriebene Muskatnuss
frisch gemahlener Pfeffer
100 g Crème légère
12 Lasagneblätter
4 EL (60 g) geraspelter Mozzarella

Zubereitungszeit:
35 Minuten

Pro Portion:
E: 16 g, F: 11 g, Kh: 54 g,
kJ: 1542, kcal: 369

1. Den Backofen vorheizen. Zucchini waschen, trocken tupfen, die Enden abschneiden, Zucchini in dünne Scheiben schneiden. Zwiebeln abziehen und fein würfeln.

2. Öl in einer Pfanne erhitzen, Zucchinischeiben und Zwiebelwürfel hinzugeben und andünsten. Wenn die Zwiebeln angebräunt sind, die passierten Tomaten zufügen, umrühren, mit Salz und Pizzagewürz abschmecken und etwa 2 Minuten einkochen.

3. Erbsen und Gemüsebrühe in einem Topf aufkochen. Mit Muskat und Pfeffer kräftig würzen. Crème légère zufügen, umrühren, noch einmal aufkochen.

4. Eine ofenfeste Form (mindestens 30 x 20 cm) mit einer Schicht Lasagneblätter auslegen. Die Hälfte der Tomaten-Zucchini-Sauce einfüllen, mit Lasagneblättern bedecken. Die Erbsen-Sahne-Sauce einfüllen und wieder mit Lasagneblättern abdecken. Den Rest der Tomaten-Zucchini-Sauce darauf verteilen und mit geraspeltem Mozzarella bestreuen. Die Form auf dem Rost in den vorgeheizten Backofen schieben.

Ober-/Unterhitze: etwa 200 °C
Heißluft: etwa 180 °C
Garzeit: etwa 30 Minuten.

Gemeinsames Essen stärkt das „Wir-Gefühl" in der Familie. Außerdem lassen sich an der Familientafel Ess-Manieren ganz selbstverständlich lernen, ebenso teilen, Rücksicht nehmen und jeden zu Wort kommen lassen.

Dessert
Vanille-Erdbeer-Pudding

Zutaten:
300 g Erdbeeren (frisch oder TK)
10 g Zucker
500 ml (½ l) fettarme Milch (1,5 % Fett)
1 Pck. Dr. Oetker Pudding-Pulver Vanille-Geschmack
40 g Zucker

1. Erdbeeren waschen, abtropfen lassen, entstielen und auf vier Dessertschälchen verteilen, mit Zucker bestreuen.

2. Aus Milch, Pudding-Pulver und Zucker nach Packungsanleitung einen Pudding zubereiten und auf den Erdbeeren verteilen.

Zubereitungszeit:
20 Minuten

Pro Portion:
E: 5 g, F: 2 g, Kh: 34 g,
kJ: 748, kcal: 179

Gemüsetopf „Sterntaler"

Zutaten:
1 kleiner Blumenkohl
  (500 g)
2 Möhren
1 Petersilienwurzel
1 EL Sonnenblumenöl
1 Lorbeerblatt
1,5 l Gemüsebrühe (Instant)
200 g TK-Erbsen
50 g Sternchennudeln
Jodsalz
geriebene Muskatnuss
6 kleine Würstchen (je 50 g)
1 Bund Petersilie

1. Blumenkohl in Röschen teilen, Blätter und schlechte Stellen entfernen, Blumenkohl waschen, abtropfen lassen.

2. Möhren putzen, schälen, waschen und in Scheiben schneiden. Petersilienwurzel putzen, schälen, waschen und fein würfeln.

3. Öl in einem Suppentopf erhitzen. Gemüse und Lorbeerblatt kurz darin andünsten. Mit Gemüsebrühe auffüllen und 10 Minuten kochen lassen.

4. Erbsen und Nudeln zufügen und noch einmal 7 Minuten kochen. Mit Salz und Muskatnuss kräftig würzen.

5. Würstchen in Scheiben schneiden, zufügen und 2 Minuten mit erhitzen. Petersilie waschen, trocken tupfen, hacken und zum Eintopf geben.

Tipp:
Wenn es mal schnell gehen soll, können Sie auch 1 kg TK-Mischgemüse mit Blumenkohl, Erbsen und Möhren nehmen.

Seien Sie Vorbild!
Wenn Obst und Gemüse ein selbstverständlicher Bestandteil Ihrer Mahlzeiten und Snacks ist, greifen auch die Kinder eher zu.
Vereinbaren Sie mit Ihrem Kind, dass es wenigstens probiert und akzeptieren Sie es, wenn es Ihrem Kind nicht schmeckt.
Ansonsten ist mogeln erlaubt: Raspeln Sie Gemüse klein und verstecken es in Suppen, Saucen, Aufläufen oder Pizza.

Zubereitungszeit:
15 Minuten

Pro Portion:
E: 21 g, F: 16 g, Kh: 24 g,
kJ: 1367, kcal: 327

Birne im Schoko-ladenpudding

Zutaten:

2 Birnen
125 ml (⅛ l) Wasser
Saft von 1 Zitrone
500 ml (½ l) fettarme Milch (1,5 % Fett)
1 Pck. Dr. Oetker Pudding-Pulver
   Schokoladen-Geschmack
50 g Zucker

1. Birnen waschen, schälen, halbieren und das Kerngehäuse entfernen.

2. Wasser und Zitronensaft in einen Topf geben und die Birnenhälften darin etwa 5 Minuten dünsten. Die Birnenhälften abtropfen lassen und die Hälften in vier Schälchen füllen.

3. Aus Milch, Pudding-Pulver und Zucker nach Packungsanleitung einen Pudding kochen, auf den Birnen verteilen, evtl. mit Klarsichtfolie abdecken, damit sich keine Haut bildet. Vor dem Servieren die Folie entfernen.

Zubereitungszeit:
15 Minuten

Pro Portion:
E: 5 g, F: 2 g, Kh: 54 g,
kJ: 1095, kcal: 262

Asia Pfanne „Karate King"

Zutaten:

250 g Basmati Reis
Jodsalz
500 g Seelachsfilet
Saft von ½ Zitrone
1 TL Austernsauce (Asialaden)
1 Stange Porree
1 kleiner Spitzkohl (500 g)
1 rote Paprikaschote
2 Möhren
1 nussgroßes Stück Ingwer
2 Knoblauchzehen
2 EL Sonnenblumenöl
125 ml (⅛ l) Sojasauce
Fünf Gewürze Pulver

Zubereitungszeit:
30 Minuten

Pro Portion:
E: 32 g, F: 7 g, Kh: 65 g,
kJ: 1952, kcal: 477

1. Reis in Salzwasser etwa 20 Minuten garen, auf ein Sieb geben, gut abtropfen lassen, warm stellen. Inzwischen das Fischfilet unter fließendem kalten Wasser abspülen, trocken tupfen, in Streifen schneiden, mit Zitronensaft und Austernsauce beträufeln.

2. Alle Gemüsesorten putzen und waschen: Porree in feine Ringe schneiden. Spitzkohl vierteln, den Strunk entfernen, die Blätter in Streifen schneiden. Paprika halbieren, entstielen, entkernen, die weißen Scheidewände entfernen und in feine Streifen schneiden. Möhren schälen und in dünne Stifte schneiden. Ingwer schälen, Knoblauch abziehen, beides sehr fein schneiden.

3. Öl in einer großen Pfanne erhitzen. Zuerst das Gemüse mit Ingwer und Knoblauch in der Pfanne unter Rühren etwa 5 Minuten braten, herausnehmen, mit Sojasauce und Fünf Gewürze Pulver würzen.

Und wie viel Fleisch oder Fisch?

Kinder brauchen pro Woche maximal drei Mahlzeiten, die eine kleine Portion Fleisch liefern, plus dreimal mageren Wurstbelag auf´s Brot, plus drei Eier. So erhalten sie alle wichtigen Nährstoffe. Seefisch sollte mindestens einmal pro Woche auf den Tisch kommen.

4. Fischfilet in die Pfanne geben und unter Rühren etwa 3 Minuten garen. Dann das Gemüse wieder zugeben, kurz erhitzen, evtl. nachwürzen und zum Reis servieren.

Tipp:

Dieses Gericht lässt sich gut im Wok zubereiten.

Ingwer lässt sich geschält gut einfrieren. Man kann ihn dann gefroren abreiben und hat so immer die Menge Gewürz, die man gerade braucht.

Dessert
Vanilleeis mit Blaubeerkompott

Zutaten:

200 g Blaubeeren (frisch oder TK)
125 ml (⅛ l) Wasser
1 Prise Kardamom
1 EL flüssiger Honig
1 geh. TL Speisestärke
2 EL Wasser
2 EL Zitronensaft
4 Kugeln Vanilleeis

1. Beeren verlesen, evtl. vorsichtig waschen, abtropfen lassen. Beeren (TK-Beeren unaufgetaut) mit Wasser in einen Topf geben, kurz aufkochen lassen, mit Kardamom und Honig abschmecken.

2. Speisestärke mit Wasser (2 EL) verrühren, unter Rühren zu den Blaubeeren geben und einmal aufkochen lassen, mit Zitronensaft abschmecken.

3. Das Blaubeerkompott auf vier Dessertteller verteilen und kurz abkühlen lassen. Je eine Kugel Eis in die Mitte setzen.

Zubereitungszeit:
15 Minuten

Pro Portion:
E: 2 g, F: 5 g, Kh: 19 g,
kJ: 552, kcal: 132

Spaghetti mit Petersiliensauce und Tomatensalat

Zutaten:

3,5 l Wasser
3,5 TL Jodsalz
350 g Vollkorn Spaghetti

1 Petersilienwurzel
2 Knoblauchzehen
4 EL Olivenöl
Saft von 1 Zitrone
Jodsalz
frisch gemahlener Pfeffer
gemahlener Piment
1 großes Bund glatte Petersilie
100 g Kirschtomaten
2 EL geriebener Parmesan

Für den Tomatensalat:

8 Tomaten (je 50 g)
1 TL Balsamicoessig
1 TL Olivenöl
frisch gemahlener Pfeffer
5 Stängel Basilikum

Zubereitungszeit:
35 Minuten

Pro Portion:
E: 15 g, F: 15 g, Kh: 60 g,
kJ: 1952, kcal: 467

1. Wasser in einem großen Topf mit geschlossenem Deckel zum Kochen bringen. Dann Salz und Nudeln zugeben. Die Nudeln im geöffneten Topf bei mittlerer Hitze nach Packungsanleitung kochen lassen, dabei zwischendurch 4–5-mal umrühren.

2. Anschließend die Nudeln in ein Sieb geben, mit heißem Wasser abspülen und abtropfen lassen.

3. Inzwischen Petersilienwurzel schälen, waschen und fein raspeln. Knoblauch abziehen und fein würfeln. Beides mit dem Olivenöl in einer Pfanne erhitzen, bis der Knoblauch anfängt, goldgelb zu werden.

4. Spaghetti zufügen, gut umrühren. Zitronensaft und Gewürze zugeben. Pfanne von der Herdplatte ziehen.

5. Petersilie und Tomaten waschen. Petersilie fein schneiden, Tomaten halbieren und beides unter die Nudeln heben, mit Salz, Pfeffer abschmecken und mit Parmesan bestreut servieren.

6. Für den Tomatensalat Tomaten waschen, trocken tupfen, Stängelansätze entfernen, in Scheiben schneiden. Tomatenscheiben auf 4 Tellern anrichten, mit Essig und Öl beträufeln, salzen und pfeffern.

7. Basilikum abspülen, trocken tupfen, Blättchen von den Stängeln zupfen, in Streifen schneiden und über die Tomaten streuen.

Tipps für mehr Bewegung:
*Werden Sie selbst aktiv. Sie sind
für Ihr Kind das beste Vorbild!*

Dessert
Rote Grütze

Zutaten:
250 g Joghurt (0,1% Fett)
1 Pck. Dr. Oetker
   Bourbon-Vanille-Zucker
1 Becher (500 g) Rote Grütze
   (aus dem Kühlregal)
100 g Himbeeren (frisch oder
   TK-Himbeeren, aufgetaut)

1. Joghurt mit Vanille-Zucker verrühren.

2. Rote Grütze in vier Dessertschälchen füllen. Joghurt und verlesene Himbeeren darauf verteilen.

Zubereitungszeit:
20 Minuten

Pro Portion:
E: 3 g, F: 1 g, Kh: 39 g,
kJ: 736, kcal: 176

*Essen Sie Kartoffeln, Nudeln
oder Reis nicht nur als Beilage,
sondern öfter auch als Haupt-
mahlzeit!*

Buntes Ofengemüse
mit Käsehäubchen

Zutaten:

1,2 kg große Kartoffeln
3 Möhren (250 g)
1 mittelgroße
  Zucchini (250 g)
1 Stange Porree (250 g)
Jodsalz
frisch gemahlener Pfeffer
125 ml (⅛ l) Gemüsebrühe
100 ml fettarme Milch
  (1,5 % Fett)
1 Becher (150 g) Crème légère
2 Eier (Größe M)
Kümmel
geriebene Muskatnuss

1 Bund Schnittlauch
100 g Gratinkäse
  (42 % Fett i. Tr.)

Zubereitungszeit:
40 Minuten

Pro Portion:
E: 20 g, F: 16 g, Kh: 55 g,
kJ: 1843, kcal: 441

1. Den Backofen vorheizen. Kartoffeln und Möhren waschen, schälen, abspülen und in dünne Scheiben schneiden oder hobeln. Zucchini waschen, die Enden abschneiden und ebenfalls in Scheiben schneiden. Porree putzen, waschen und in Scheiben schneiden.

2. Kartoffel- und Möhrenscheiben in kochendem Salzwasser etwa 5 Minuten vorgaren, Zucchini- und Porreescheiben etwa 1–2 Minuten vorgaren.

3. Gemüse in eine ofenfeste Form geben, zwischendurch mit Salz und Pfeffer bestreuen. Gemüsebrühe, Milch, Crème légère und Eier verquirlen. Mit Salz, Kümmel, Muskat und Pfeffer kräftig würzen.

4. Schnittlauch waschen, trocken tupfen, in feine Röllchen schneiden und hinzugeben. Die Eiermilch auf das Gemüse gießen und den Gratinkäse darauf verteilen. Die Form auf dem Rost in den vorgeheizten Backofen schieben.

Ober-/Unterhitze: etwa 200 °C
Heißluft: etwa 180 °C
Backzeit: etwa 45 Minuten.

5. Das Ofengemüse zum Ende der Backzeit evtl. mit Alufolie abdecken, damit der Käse nicht zu dunkel wird.

Kartoffeln am besten als Pell- oder Backkartoffeln essen oder in einem Auflauf verarbeiten. Pommes Frites, Kroketten, Bratkartoffeln und Kartoffelpuffer lassen zwar die Kinderherzen höher schlagen, sind aber meist zu fettig und zu kalorienlastig. Deshalb sollten sie die Ausnahme bleiben. Auch Kartoffelpüree nur mit einem winzigen Stich Butter und ohne Sahne zubereiten.

Dessert
Quarkcreme „Bienchen"

Zutaten:
500 g Magerquark
1 TL Dr. Oetker Bourbon-Vanille-Zucker
3 EL flüssiger Honig
2 EL Mineralwasser
Saft von 1 Orange
2 reife Pfirsiche
einige Blättchen Minze

1. Quark mit Vanille-Zucker, 1 EL Honig und evtl. etwas Mineralwasser glatt rühren. Die Hälfte davon auf vier Schälchen verteilen.

2. Die andere Hälfte mit 1 EL Honig und dem Orangensaft in einen Mixbecher geben.

3. Die Pfirsiche gründlich waschen, trocken reiben. Das Fruchtfleisch in Spalten vom Stein schneiden und die Hälfte davon in den Mixbecher geben.

4. Quark, Orangensaft und Pfirsichfruchtfleisch mit einem Pürierstab zu einer cremigen Masse verarbeiten und auf den Quark in die Schälchen füllen.

5. Die restlichen Pfirsichspalten obenauf anrichten und mit dem letzten Löffel Honig beträufeln. Minze abspülen und die Speisen damit garnieren.

Zubereitungszeit:
20 Minuten

Pro Portion:
E: 18 g, F: 0 g, Kh: 28 g,
kJ: 807, kcal: 193

Knusperhappen

Zutaten:

8 Scheiben Schweden-Brödli mit Sesam
2 EL Joghurt Salatcreme
100 g gekochter Schinken ohne Fettrand
1 großer Kohlrabi
4 Tomaten

1. Schweden-Brödli dünn mit Salatcreme bestreichen. Schinken darauf verteilen. Kohlrabi schälen, waschen, in Scheiben schneiden.

2. Tomaten waschen, Stängelansätze herausschneiden. Kohlrabi- und Tomatenscheiben auf dem Schinken anrichten oder extra dazu knabbern.

Zubereitungszeit:
10 Minuten

Pro Portion:
E: 11 g, F: 8 g, Kh: 18 g,
kJ: 844, kcal: 202

Der Begriff „Fast Food"
bezieht sich nicht auf die
Qualität oder den Geschmack
von Gerichten, sondern auf
die Geschwindigkeit, mit der
sie zubereitet und gegessen
werden.

Tipps für mehr Bewegung:

Schenken Sie Ihrem Kind keine „Bewegungs-Bremser" wie Computerspiele, CDs, DVDs oder Videos, sondern Bewegungs-Förderer: den heißersehnten WM-Fußball, coole Inline-Skates, flitzende Roller oder Fahrräder, bunte Springseile und Gummitwist oder ein aufwändiges Federball-Spiel mit Netz.

Käselanze „Robin Hood"

Zutaten:

150 g milder Käse, z.B. Gouda
  (45% Fett i. Tr.)
je 125 g weiße und blaue Trauben
1 große Birne
4 Schaschlikspieße

Zubereitungszeit:
20 Minuten

Pro Portion:
E: 10 g, F: 10 g, Kh: 19 g,
kJ: 853, kcal: 204

1. Käse in Würfel schneiden. Trauben und Birne waschen und trocken tupfen.

2. Birne halbieren, das Kerngehäuse entfernen. Birne in Spalten schneiden. Abwechselnd Käse, Birnenspalten und Weintrauben auf die Spieße ziehen.

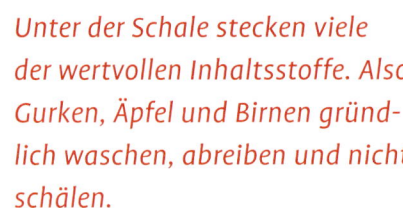

Unter der Schale stecken viele der wertvollen Inhaltsstoffe. Also Gurken, Äpfel und Birnen gründlich waschen, abreiben und nicht schälen.

Tipps für mehr Bewegung:
Zeigen Sie Ihrem Kind, welche Bewegungs- und Spielmöglichkeiten es gefahrlos vor der Haustüre oder in der näheren Umgebung ausüben kann.

Körnchen im Nest

Zutaten:

2 rote oder gelbe Paprikaschoten
3 kleine Möhren
1 Beet Kresse
50 g gekochter Schinken ohne Fettrand
1 Beutel gekochter Zartweizen
   (vom 2. Tag, Abendbrot)

Für die Marinade:

2 EL Olivenöl
Jodsalz
1 Prise Curry
1 EL Weißweinessig

1. Paprika halbieren, entstielen, entkernen, die weißen Scheidewände entfernen, die Schoten waschen. Möhren putzen, schälen, waschen und raspeln. Kresse abspülen und vom Beet schneiden.

2. Schinken in dünne Streifen schneiden.

3. Für die Marinade Öl, Gewürze und Essig verrühren. Möhrenraspel, Kresse, gekochten Weizen und Schinken mit der Marinade vermengen.

4. Nochmals mit den Gewürzen abschmecken und in die Paprikahälften füllen. Evtl. die restliche Füllung dazureichen.

Zubereitungszeit:

10 Minuten

Pro Portion:

E: 8 g, F: 6 g, Kh: 33 g,
kJ: 966, kcal: 231

Wenn die Konzentration nachlässt!

Wer zu wenig trinkt, kann sich schlechter konzentrieren. Eine unzureichende Flüssigkeitsaufnahme führt zu Einschränkungen der geistigen und körperlichen Leistungsfähigkeit. Das kann sich zum Beispiel auch negativ auf die Konzentration und Aufmerksamkeit im Unterricht auswirken. Der Grund: Das Blut fließt langsamer, und gleichzeitig werden Muskeln und Gehirn mit weniger Sauerstoff und Nährstoffen versorgt.

Apfel-Möhren-Drink „Rabbits Traum" und Knabberteller

Zutaten:

Für den Drink:

1 großer Apfel

2 Kiwi

1 EL flüssiger Honig

500 ml (½ l) Möhrensaft

1 EL Kresse

Für den Knabberteller:

125 g Mozzarella

4 Möhren

1 Kohlrabi

Salz

frisch gemahlener Pfeffer

1 EL Sesamsamen

Zubereitungszeit:

20 Minuten

Pro Portion:

E: 9 g, F: 9 g, Kh: 30 g,
kJ: 1003, kcal: 240

1. Apfel schälen, vierteln, das Kerngehäuse entfernen. Kiwi schälen und vierteln. Apfel und Kiwi mit Honig und Möhrensaft in einen Mixbecher füllen und mit einem Pürierstab pürieren. Auf vier Gläser verteilen und mit Kresse bestreuen.

2. Für den Knabberteller Mozzarella in Scheiben schneiden. Möhren und Kohlrabi schälen, waschen und in Stücke schneiden. Auf dem Teller mit Mozzarella anrichten, mit Salz, Pfeffer und Sesam bestreuen.

Und wie viel Obst und Gemüse?

Täglich fünf Portionen Obst und Gemüse schützen die Gesundheit Ihrer Kinder (und Ihre eigene!). Nehmen Sie als Maß die Hände zur Hilfe. Drei Hände voll Gemüse und zwei Hände voll Obst sollten es sein. Dabei gilt, kleine Hand vom Junior = kleine Portion, große Hand vom Papa = große Portion. Eine Portion davon kann auch durch ein Glas Obst- oder Gemüsesaft ersetzt werden.

Leuchtturm

Zutaten:

4 Mini-Käsebällchen,
   z. B. Mini Baby Bel (je 20 g)
8 kleine, runde Pumpernickelscheiben
4 TL Joghurt Salatcreme
1 kleiner Kohlrabi
2 Tomaten
4 Salatblätter

Zubereitungszeit:

15 Minuten

Pro Portion:

E: 9 g, F: 6 g, Kh: 25 g,
kJ: 844, kcal: 202

1. Käse aus der Hülle schälen. Pumpernickel mit Salatcreme bestreichen.

2. Kohlrabi schälen, waschen, in vier Scheiben in Größe der Pumpernickel zuschneiden. Tomaten waschen, halbieren, Stängelansätze herausschneiden.

3. Vier Pumpernickel mit je einem Käse belegen. Darauf die Kohlrabischeiben, dann wieder eine Scheibe Pumpernickel darauf legen. Die Tomatenhälften mit der Rundung nach oben darauf setzen.

4. Ein Holzstäbchen in die Mitte des Turmes stecken und damit alles befestigen. Salatblätter waschen, trocken tupfen und auf Teller verteilen. Darauf je einen Turm anrichten.

Das Kinder-Auge isst mit.
Eine appetitlich zubereitete Mahlzeit mit liebevollen Details und eine hübsche Tischdekoration regen den Appetit an.

Hirtenbrötchen

Zutaten:
4 halbe Vollkorn-Toastbrötchen
100 g Schafkäse
  (45 % Fett i. Tr.)
4 Tomaten
12 Stängel Rucola
4 TL Joghurt Salatcreme

Zubereitungszeit:
10 Minuten

Pro Portion:
E: 8 g, F: 7 g, Kh: 17 g,
kJ: 698, kcal: 167

1. Brötchenhälften kurz toasten. Käse in Scheiben schneiden und die Brötchenhälften damit belegen. Tomaten und Rucola waschen, trocken tupfen, evtl. dicke Stängel abschneiden.

2. Tomaten in Scheiben schneiden und den Stängelansatz entfernen.

3. Tomatenscheiben und Rucola auf den Käsebrötchen verteilen. Je einen Teelöffel Salatcreme darauf verteilen.

Der Bedarf der Kinder unterscheidet sich in der Relation kaum von dem der Erwachsenen. So braucht ein Kind:
- *55 % der Energie in Form von Kohlenhydraten*
- *30 % der Energie in Form von Fett*
- *15 % der Energie in Form von Eiweißen*

Zaubertrank und Hexenschmaus

Zutaten:

600 ml Tomatensaft
1 Salatgurke
1 EL flüssiger Honig
Saft von ½ Zitrone
4 Stängel Basilikum
4 Scheiben Emmentaler Käse
  (45 % Fett i. Tr.)
4 TL Ketchup oder Salsa

Zubereitungszeit:
10 Minuten

Pro Portion:
E: 11 g, F: 9 g, Kh: 15 g,
kJ: 815, kcal: 195

1. Tomatensaft in einen Mixbecher geben. Die Gurke schälen, Enden abschneiden und die Gurke halbieren. Eine Hälfte in grobe Stücke schneiden und mit Honig und Zitronensaft in den Mixbecher geben und mit dem Pürierstab pürieren.

2. Den Zaubertrank in vier Gläser füllen. Basilikumblättchen von den Stängeln zupfen, waschen, in Streifen schneiden und auf dem Getränk anrichten.

3. Käse in Streifen schneiden, mit der restlichen, in Stifte geschnittenen Gurke und Ketchup als Dip auf einem Teller anrichten.

Mit der „Zwischenmahlzeit" ist nicht das „Dauer-Snacken" von Süßigkeiten oder Knabbereien gemeint, das sich immer mehr verbreitet.

Toast „Bandito" und Salatteller

Zutaten:

8 Scheiben Vollkorntoast
2 EL Pesto
8 Scheiben Geflügel-Fleischwurst
8 kleine Tomaten
100 g geraspelter Gouda
   (45 % Fett i. Tr.)

Für den Salat:

8 Blätter grüner Salat oder
   Eichblattsalat
2 große Äpfel
1 Bund Radieschen
Saft von 1 Zitrone
Jodsalz
gemahlener Piment
1 EL Honig
1 EL Walnussöl
2 EL Pinienkerne

Zubereitungszeit:
35 Minuten

Pro Portion:
E: 19 g, F: 26 g, Kh: 41 g,
kJ: 2043, kcal: 489

1. Toast im Toaster rösten und mit Pesto bestreichen. Fleischwurstscheiben darauf verteilen.

2. Tomaten waschen, Stängelansätze herausschneiden und in Scheiben schneiden. Auf dem Toast anrichten. Mit Gouda bestreuen und unter dem vorgeheizten Grill im Backofen etwa 2 Minuten übergrillen, bis der Käse zerlaufen ist.

3. Salat waschen, trocken tupfen und in Streifen schneiden. Äpfel waschen, vierteln, das Kerngehäuse entfernen.

4. Radieschen putzen, waschen, trocken tupfen und vierteln. Zitronensaft, Jodsalz, Piment, Honig und Öl verrühren. Äpfel mit Schale fein würfeln und in die Marinade geben.

5. Radieschen und Salatstreifen unterheben. Pinienkerne in einer Pfanne ohne Fett leicht rösten und darauf streuen.

Knackig, bunt und gesund:
Gemüse und Obst

Gemüse und Obst sind die wichtigsten Lieferanten für Vitamine, Mineral- und Ballaststoffe. Außerdem stecken im knackig-bunten „Grünzeug" reichlich sekundäre Pflanzenstoffe als Farb-, Geruchs- und Geschmacksstoffe, die dafür sorgen, dass eine Tomate rot und eine Gurke grün ist, dass eine Erdbeere nach Erdbeere riecht und eine Zwiebel einem die Tränen in die Augen treibt. Diese Stoffe bringen zudem eine Vielzahl an gesundheitsfördernden Eigenschaften mit und helfen dem Körper, gesund zu bleiben. Wissenschaftliche Studien haben gezeigt, dass sie vor Krebs und Herz-Kreislauf-Erkrankungen schützen können.

Weizen-Früchte-Salat

Zutaten:

3 Kochbeutel (je 125 g) Zartweizen
Jodsalz
Saft von 1 Orange
Saft von 1 Zitrone
5 EL Honig
1 Prise gemahlener Zimt
1 Prise Curry
4 EL Walnussöl
1 Stück (300 g) Honigmelone
2 große Äpfel
300 g Erdbeeren
50 g Walnusskerne

Zubereitungszeit:

30 Minuten

Pro Portion:

E: 11 g, F: 18 g, Kh: 95 g,
kJ: 2504, kcal: 599

*Wer für den Geschmack einer reifen
Erdbeere Begeisterung zeigt, muss
niemanden zum Probieren überreden.*

1. Zartweizen in Salzwasser in einem großen Topf etwa 10 Minuten kochen, herausnehmen und abtropfen lassen. Einen Beutel für den nächsten Tag (im Kühlschrank) aufheben. Restlichen Zartweizen in eine große Salatschüssel geben.

2. Orangen- und Zitronensaft, Honig, Gewürze und Öl in eine Rührschüssel geben und mit dem Schneebesen gut verrühren.

3. Honigmelone vierteln, entkernen, Fruchtfleisch würfeln und in die Marinade geben. Äpfel waschen, halbieren, das Kerngehäuse entfernen. Äpfel in Spalten schneiden. Erdbeeren waschen, entstielen, die Erdbeeren vierteln.

4. Beides ebenfalls in die Marinade geben und gut verrühren und etwa 10 Minuten ziehen lassen.

5. Alles zum Getreide geben, gut vermischen. Die Walnusskerne grob hacken und den Salat damit bestreuen.

Zaziki-Teller mit Bistro-Baguette "Herkules"

Zutaten:

Zaziki-Teller:

500 g Magerquark

250 g Joghurt (1,5% Fett)

1 EL Olivenöl

3 Knoblauchzehen

1 Salatgurke

Jodsalz

frisch gemahlener Pfeffer

1 TL TK-Dill

1 Fleischtomate

150 g schwarze, marinierte Oliven

Bistro-Baguette:

1 Vollkorn-Baguettestange
   (oder 4 längliche Vollkornbrötchen)

150 g Putenbrustaufschnitt

2 Zwiebeln

4 Tomaten

Jodsalz, Pfeffer

1 EL Olivenöl

4 EL (60 g) geraspelter Mozzarella

Zubereitungszeit:
40 Minuten

Pro Portion:
E: 40 g, F: 29 g, Kh: 50 g,
kJ: 2314, kcal: 551

1. Quark mit Joghurt und Olivenöl glatt rühren. Knoblauch abziehen, fein würfeln und zufügen.

2. Gurke waschen, die Enden abschneiden. Ein Viertel der Gurke abschneiden und raspeln. Flüssigkeit etwas ausdrücken, abgießen. Gurkenraspel zum Quark geben. Mit Salz, Pfeffer und Dill würzen.

3. Eine große Salatplatte leicht mit Salz und Pfeffer bestreuen. Die restliche Gurke in Scheiben schneiden und darauf auslegen. Zaziki in der Mitte darauf anrichten.

4. Tomate waschen, Stängelansatz herausschneiden, Tomate achteln und mit Oliven rundum auf der Platte anrichten.

5. Baguette in vier Teile teilen, dann längs aufschneiden. Nebeneinander auf ein Backblech legen. Putenbrust in Streifen schneiden, auf den Baguette-hälften verteilen.

6. Zwiebeln abziehen, in Scheiben schneiden, in Ringe teilen. Tomaten waschen, Stängelansätze herausschneiden, Tomaten in Scheiben schneiden. Beides ebenfalls auf den Baguettes verteilen und mit Salz und Pfeffer würzen.

7. Mit Olivenöl beträufeln und mit Mozzarella bestreuen. Unter dem vorgeheizten Grill des Backofens etwa 5 Minuten überbacken, bis der Käse leicht gebräunt ist.

Vitamine

Fettlöslich sind die Vitamine A, D, E und K. Sie werden mit Nahrungsfetten über den Darm aufgenommen und in Leber und Fettgewebe bis zu einem Jahr gespeichert (Ausnahme Vitamin K). Daher sollte man nicht jeden Tag höhere Dosen Vitamin A, D und E zu sich nehmen. Eine zu große Menge kann sogar schädlich sein.

Zu den wasserlöslichen Vitaminen zählen Vitamin C und die B-Vitamine: B_1, B_2, Niacin, B_6, Pantothensäure, Biotin, Folsäure und B_{12}. Wasserlösliche Vitamine müssen dem Körper ständig neu zugeführt werden, da sie über den Urin ausgeschieden werden. Vitamin C stärkt unser Immunsystem während die B-Vitamine für die Energiegewinnung unerlässlich sind.

Basilikum-Kartoffelsalat

Zutaten:
1,2 kg festkochende Kartoffeln
200 g Zuckerschoten
Saft von ½ Zitrone
150 ml Wasser
Jodsalz
1 Bund Frühlingszwiebeln
125 ml (⅛ l) Gemüsebrühe
1 Töpfchen oder ein Bund Basilikum
4 EL Weißweinessig
2 EL flüssiger Honig
6 EL Olivenöl
frisch gemahlener Pfeffer
100 g Kirschtomaten
6 Eier (Größe M)

Zubereitungszeit:
20 Minuten

Pro Portion:
E: 19 g, F: 25 g, Kh 65 g,
kJ: 2395, kcal: 573

1. Kartoffeln waschen, in einem Topf mit Wasser bedeckt zum Kochen bringen und in etwa 25 Minuten gar kochen, kalt abspülen und heiß pellen. Kartoffeln etwas abkühlen lassen, dann in Scheiben schneiden.

2. Zuckerschoten waschen, die Enden abschneiden, evtl. abfädeln. Schoten mit Zitronensaft, Wasser und etwas Salz etwa 1 Minute kochen. Dann abgießen und abtropfen lassen und mit den Kartoffelscheiben in eine Schüssel geben und mischen.

3. Frühlingszwiebeln putzen, waschen und in Röllchen schneiden, ebenfalls untermischen. Gemüsebrühe erhitzen und den Kartoffel-Gemüse-Mix damit begießen.

4. Basilikumblättchen von den Stängeln zupfen und waschen. Etwa 10 Blättchen zum Garnieren zurücklegen, den Rest in einen Mixbecher geben.

Fett ist nicht gleich Fett!

Die einzelnen Fette sind unterschiedlich zusammengesetzt und wirken daher im Stoffwechsel ganz verschieden. Tierische Fette wie Butter, Schmalz und Sahne haben eine eher ungünstige Zusammensetzung, während viele pflanzliche Öle große Mengen an wertvollen Fettsäuren und Vitaminen enthalten – vor allem Raps-, Oliven-, Sonnenblumen-, Maiskeim- und Sojaöl. Der Fettbedarf sollte vorwiegend durch pflanzliche Fette gedeckt werden.

5. Essig, Honig, Olivenöl und Gewürze zufügen und alles mit dem Pürierstab pürieren. Dressing zum Salat geben, vorsichtig mischen und mindestens 30 Minuten durchziehen lassen. Dann nochmals mit Salz, Pfeffer, evtl. Essig abschmecken.

6. Den Salat auf einer Platte mit gewaschenen Kirschtomaten und Basilikumblättchen anrichten. Eier 6 Minuten kochen, pellen, halbieren und den Salat damit anrichten.

Tortilla Mexicana im Salatbett

Zutaten:

8 Tortilla Fladen
   (Ø etwa 15 cm)
1 kleine Dose Mais
   (Abtropfgewicht 285 g)
1 kleine Dose
   weiße oder rote Bohnen
   (Abtropfgewicht 225 g)
1 Bund Frühlingszwiebeln
2 Knoblauchzehen
150 Putenschnitzel
1 EL Olivenöl
Jodsalz
frisch gemahlener Pfeffer
100 ml Ketchup oder Salsa

Für den Salat:

50 g Eisbergsalat
1 kleine Salatgurke
1 Bund Radieschen
1 Bund Petersilie
1 EL Weißweinessig
1 EL Olivenöl
Jodsalz
weißer Pfeffer

Zubereitungszeit:
40 Minuten

Pro Portion:
E: 28 g, F: 13 g, Kh: 85 g,
kJ: 2416, kcal: 578

1. Den Backofen vorheizen. Tortilla Fladen einzeln auf mit Backpapier belegte Backbleche legen und in den vorgeheizten Backofen schieben.

Ober-/Unterhitze: etwa 200 °C
Heißluft: etwa 180 °C
Backzeit: 7–8 Minuten.

2. In der Zwischenzeit Mais und Bohnen auf einem Sieb abtropfen lassen. Frühlingszwiebeln putzen, waschen und in Streifen schneiden. Knoblauch abziehen, fein würfeln.

3. Putenschnitzel unter fließendem kalten Wasser abspülen, trocken tupfen, in sehr feine Streifen schneiden.

4. Öl in einer Pfanne erhitzen, zuerst die Putenstreifen unter Rühren etwa 2 Minuten braten, dann alle Zutaten zugeben und unter Rühren etwa 3 Minuten braten. Mit Salz und Pfeffer würzen.

5. Tortillas mit Ketchup oder Salsa bestreichen. Die Maismischung darauf verteilen, die Seiten der Fladen zur Mitte klappen.

6. Für den Salat Eisbergsalat putzen, waschen, trocken schleudern und in Streifen schneiden. Gurke und Radieschen putzen, waschen und in Scheiben schneiden. Petersilie waschen und grob hacken.

7. Alles auf einer großen Platte verteilen. Mit Essig und Öl beträufeln, leicht würzen und die gefüllten Tortillas darauf legen.

Fette – die Superbrennstoffe

Zu einer ausgewogenen Ernährung gehören selbstverständlich auch Fette – aber in geringer Menge und von guter Qualität. Ernährungsexperten empfehlen, täglich maximal 25 bis 30 % der benötigten Gesamtenergie in Form von Fett aufzunehmen. Fette erfüllen in unserem Körper wichtige Aufgaben: Sie sind unsere Hauptenergielieferanten und bringen mit 9 kcal pro Gramm rund doppelt soviel Energie mit wie Kohlenhydrate und Eiweiße. Außerdem versorgen sie den Organismus mit den lebensnotwendigen mehrfach ungesättigten Fettsäuren und sind Lieferanten der fettlöslichen Vitamine A, D, E und K sowie von beta-Carotin.

„Potatoe Joe" Sesamkartoffeln mit Dip

Zutaten:

1 kg kleine festkochende Kartoffeln
500 g Möhren
500 g Staudensellerie
4 eingelegte Gewürzgurken
500 g Magerquark
100 g Crème légère
1 TL flüssiger Honig
1 Bund Dill
10 Stängel Rucola
Jodsalz
frisch gemahlener Pfeffer
1 EL Sonnenblumenöl
2 EL Sesamsaat
geriebene Muskatnuss

1. Kartoffeln gründlich waschen und bürsten, mit Wasser bedeckt zum Kochen bringen, in 20–25 Minuten mit Deckel gar kochen.

2. Inzwischen Möhren schälen, waschen und in fingerlange schmale Streifen schneiden. Sellerie putzen, waschen, die harten Außenfäden abziehen und ebenfalls in Streifen schneiden. Gurken abtropfen lassen.

3. Quark, Crème légère und Honig glatt rühren. Dill und Rucola abspülen, klein schneiden, unterrühren und

Zubereitungszeit:
35 Minuten

Pro Portion:
E: 26 g, F: 17 g, Kh: 50 g,
kJ: 1772, kcal: 422

mit Salz und Pfeffer würzen. Quark in die Mitte eines großen Tellers häufen. Gemüse rundum anordnen.

4. Die garen Kartoffeln abgießen. Öl in einer Pfanne erhitzen, Kartoffeln und Sesam zugeben und kurz von allen Seiten bräunen. Mit Salz und Muskatnuss würzen.

Mango-Bananen-Drink

Zutaten:
1 reife Mango
1 Banane
Saft von 1 Limette
500 ml (½ l) weißer Traubensaft
etwa 200 ml Mineralwasser
100 g Weintrauben mit Stängel
4 Eiswürfel

1. Für den Drink die Mango schälen und das Fruchtfleisch in Spalten vom Kern schneiden.

2. Banane schälen, zerteilen und mit Mango in einen hohen Mixbecher geben. Mit Limettensaft begießen und mit dem Pürierstab pürieren, dabei den Traubensaft zugießen.

3. Den Saft auf vier hohe Gläser verteilen, mit Mineralwasser auffüllen.

4. Trauben waschen. Die Trauben vom Stängel in 4 Teile schneiden oder reißen. Jeweils in das Glas hängen und in jedes Glas einen Eiswürfel geben.

Zubereitungszeit:
10 Minuten

Pro Portion:
E: 2 g: F: 0 g, Kh: 45 g,
kJ: 786, kcal: 188

Rohkostplatte mit
Chickenburger „Hawaii"

Zutaten:

6 Möhren (600 g)
1 frische Ananas (1 kg)
Saft von ½ Zitrone
1 EL flüssiger Honig
gemahlener Piment
gemahlener Koriander
1 EL Walnussöl
4 dünne Scheiben (je 100 g)
   Hähnchenbrustfilet
Jodsalz
frisch gemahlener Pfeffer
Paprika edelsüß
1 TL Sonnenblumenöl
4 Roggenbrötchen
50 g Gratinkäse (42% Fett i. Tr.)
4 Salatblätter
4 TL Ketchup oder Salsa

Zubereitungszeit:
40 Minuten

Pro Portion:
E: 32 g, F: 9 g, Kh: 56 g,
kJ: 1860, kcal: 445

1. Möhren putzen, schälen, waschen, die Möhren raspeln. Ananas schälen, in Scheiben schneiden. Das harte Mittelstück, z. B. mit einem Apfelausstecher ausstechen. Die Ringe – bis auf vier – auf einer Salatplatte auslegen. Möhren darauf häufen.

2. Aus Zitronensaft, Honig, Gewürzen und Walnussöl eine Marinade rühren und die Möhrenrohkost damit begießen.

3. Hähnchenbrustfilet unter fließendem kalten Wasser abspülen, trocken tupfen, mit Salz, Pfeffer und Paprika würzen. Das Öl erhitzen und die Hähnchenfilets von beiden Seiten 2–3 Minuten knusprig braun braten.

4. Brötchen aufschneiden, aufklappen und jeweils ein Hähnchenfilet und eine Scheibe Ananas hineinlegen und mit Käse bestreuen.

5. Unter dem vorgeheizten Backofengrill 2–3 Minuten gratinieren. Brötchen herausnehmen. Salatblätter waschen, trocken tupfen und zwischen die Brötchenhälften legen. Ketchup zufügen, zusammenklappen und zum Salat servieren.

Bei Geflügel können Sie Fett einsparen, indem Sie die Haut abschneiden. Denn das Fettgewebe liegt bei Geflügel unter der Haut, reines Muskelfleisch ist viel magerer.

Titelrezept

Abwandlung: **Schweinefilet-Burger.**

Pro Portion: E: 38 g, F: 9 g, Kh: 32 g, kJ: 1539, kcal: 368

Dafür **400 g gebratenes Schweinefilet** in Scheiben schneiden. **⅓ Salatgurke** waschen, und in Scheiben hobeln. **2 Tomaten** waschen, Stängelansätze herausschneiden und in Scheiben schneiden. **Je 4 Salatblätter** und **Basilikumblätter** und **3 Esslöffel Sprossen** abspülen. **4 Körnerbrötchen** aufschneiden, mit je 1 Salatblatt, Tomaten-, Gurken- und Fleischscheiben belegen. **Je 1 Esslöffel Joghurt-Salatcreme** und **1 gehäuften TL Salsa** darauf verteilen. Mit Sprossen, Basilikum und Brötchendeckel belegen.

Pfirsich-Streifen-Kuchen

Zutaten:
(20 Stück)

**Zum Vorbereiten für die
Creme und den Belag:**
2 Pck. Dr. Oetker Gala Pudding-Pulver
   Bourbon-Vanille
80 g Zucker
700 ml fettarme Milch
   (1,5% Fett)
1 Becher (150 g) Crème légère
1 Dose Pfirsichhälften
   (Abtropfgewicht 480 g)

Für den Hefeteig:
375 g Weizenmehl
1 Pck. Hefeteig Garant
50 g Zucker
1 Pck. Dr. Oetker Vanillin-Zucker
1 Prise Salz
3 Tropfen Dr. Oetker Bittermandel-Aroma
180 ml fettarme Milch (1,5% Fett)
75 g weiche Halbfettmargarine (24% Fett)

Für die Creme:
1 EL fettarme Milch (1,5% Fett)
2 EL gesiebtes Kakaopulver (ungezuckert)

Zum Aprikotieren:
4 EL Aprikosenkonfitüre
2 EL Wasser

1. Das Backblech (30 x 40 cm) in den Ecken und in der Mitte einfetten und mit dem Backpapier belegen. Den Backofen vorheizen.

2. Zum Vorbereiten einen Pudding aus Pudding-Pulver, Zucker und Milch nach Packungsanleitung (aber mit den hier angegebenen Zutaten) zubereiten, Crème légère unterrühren. Puddingcreme in eine Rührschüssel geben und sofort mit Frischhaltefolie belegen, erkalten lassen. Pfirsichhälften in einem Sieb abtropfen lassen und in Spalten schneiden.

3. Für den Teig Mehl in eine Rührschüssel sieben und sorgfältig mit Hefeteig Garant vermischen. Zucker, Vanillin-Zucker, Salz, Aroma, Milch und Margarine hinzufügen. Die Zutaten mit Handrührgerät mit Knethaken zunächst kurz auf niedrigster, dann auf höchster Stufe in etwa 2 Minuten zu einem glatten Teig verarbeiten.

4. Den Teig aus der Schüssel nehmen, auf einer leicht bemehlten Arbeitsfläche nochmals kurz durchkneten, zu einer Rolle formen und auf dem Backblech ausrollen.

5. Die vorbereitete Puddingcreme mit Handrührgerät mit Rührbesen cremig rühren. Creme halbieren, eine Cremehälfte in einen Spritzbeutel mit Lochtülle (Ø 8 mm) füllen und in gleichmäßigen Abständen von etwa 2 cm Streifen auf den Hefeteigboden spritzen. Restliche Puddingcreme mit Milch und Kakao verrühren, ebenfalls in einen Spritzbeutel mit Lochtülle (Ø 8 mm) füllen und in die Zwischenräume spritzen.

6. Pfirsichspalten auf der Creme verteilen, etwa 15 Minuten ruhen lassen. Das Backblech in den vorgeheizten Backofen schieben.

Ober-/Unterhitze: etwa 180 °C (unteres Drittel)
Heißluft: etwa 160 °C
Backzeit: etwa 25 Minuten.

7. Das Backblech auf einen Kuchenrost stellen. Zum Aprikotieren Konfitüre durch ein Sieb streichen, mit Wasser unter Rühren etwas einkochen lassen. Den Kuchen sofort damit bestreichen und erkalten lassen.

Zubereitungszeit:
40 Minuten, ohne Abkühl-
und Ruhezeit

Pro Stück:
E: 4 g, F: 4 g, Kh: 35 g,
kJ: 824, kcal: 197

Vitaminchen-Torte

Zutaten:
(16 Stück)

Für den Biskuitteig:
3 Eier (Größe M)
3 EL heißes Wasser
100 g Zucker
1 Pck. Dr. Oetker Vanillin-Zucker
1 Prise Salz
½ Pck. Dr. Oetker Finesse Geriebene
   Zitronenschale
150 g Weizenmehl
25 g Speisestärke
1 gestr. TL Dr. Oetker Backin

Für den Belag:
2 Dosen Mandarinen
   (Abtropfgewicht 175 g)
10 Blatt weiße Gelatine
200 g Frischkäse aus Buttermilch
   (Frischkäse Halbfettstufe;
   6 % Fett absolut)
500 ml (½ l) Frucht Buttermilch
   Multi-Vitamin (max. 1 % Fett)
80 g Zucker
½ Pck. Dr. Oetker Finesse Geriebene
   Zitronenschale
100 ml Mandarinensaft

Zubereitungszeit:
40 Minuten, ohne Kühlzeit

Pro Stück:
E: 6 g, F: 2 g, Kh: 30 g,
kJ: 690, kcal: 164

1. Einen Bogen Backpapier auf den Boden der Springform (Ø 26 cm) legen und mit dem Springformrand straff einspannen. Den Backofen vorheizen.

2. Für den Teig Eier und Wasser mit Handrührgerät mit Rührbesen auf höchster Stufe in 1 Minute schaumig schlagen. Zucker, Vanillin-Zucker, Salz und Zitronenschale mischen, in 1 Minute einstreuen, dann noch etwa 2 Minuten schlagen.

3. Mehl mit Speisestärke und Backpulver mischen, die Hälfte davon auf die Eiercreme sieben, kurz auf niedrigster Stufe unterrühren. Restliches Mehlgemisch auf die gleiche Weise unterarbeiten. Den Teig in die Springform (Ø 26 cm, Boden gefettet, mit Backpapier belegt) geben und glatt streichen. Die Form auf dem Rost in den vorgeheizten Backofen schieben.

Ober-/Unterhitze: etwa 180 °C
Heißluft: etwa 160 °C
Backzeit: etwa 25 Minuten.

4. Den Biskuitboden aus der Form lösen und auf einen mit Backpapier belegten Kuchenrost stürzen. Mitgebackenes Backpapier abziehen. Biskuitboden erkalten lassen, dann einmal waagerecht durchschneiden. Den unteren Boden auf eine Platte legen. Einen Tortenring darumstellen.

5. Für den Belag Mandarinen in einem Sieb gut abtropfen lassen, den Saft dabei auffangen und 100 ml davon abmessen. Gelatine in kaltem Wasser nach Packungsanleitung einweichen. Frischkäse, Buttermilch, Zucker, Zitronenschale und den abgemessenen Mandarinensaft geschmeidig rühren. Gelatine leicht ausdrücken. Die ausgedrückte Gelatine in einem kleinen Topf unter Rühren erwärmen (nicht kochen), bis sie völlig gelöst ist, leicht abkühlen lassen. Gelatine mit etwas von der Frischkäse-Buttermilch-Masse verrühren, dann mit der restlichen Frischkäse-Buttermilch-Masse verrühren und kurz kalt stellen, bis die Masse zu gelieren anfängt.

6. Gut zwei Drittel der Mandarinen auf dem unteren Biskuitboden verteilen. Zwei Drittel der Frischkäse-Buttermilch-Masse gleichmäßig darauf streichen. Den oberen Biskuitboden darauf legen, leicht andrücken und mit der restlichen Frischkäse-Buttermilch-Masse bestreichen. Die Oberfläche mit den restlichen Mandarinen garnieren. Torte 3 Stunden kalt stellen. Tortenring mit einem Messer lösen und entfernen.

Tipps für mehr Bewegung:

Bringen Sie Ihren Kindern alte Spiele aus Ihrer Jugend bei – die machen heute noch genauso viel Spaß wie früher! Und vielleicht bekommen Sie direkt Lust mitzuspielen.

Buttermilchecken

Zutaten:
(18 Stück)

Für den Biskuitteig:
4 Eier (Größe M)
3–4 EL heißes Wasser
75 g Zucker
1 Pck. Dr. Oetker Vanillin-Zucker
1 Pck. Dr. Oetker Finesse
   Orangenschalen-Aroma
100 g Weizenmehl
25 g Speisestärke
1 gestr. TL Dr. Oetker Backin

Für den Belag:
10 Blatt weiße Gelatine
500 g Speisequark (Magerstufe)
500 ml (½ l) Orangen-Buttermilch-
   Getränk
2 Pck. Dr. Oetker Vanillin-Zucker

Zum Garnieren und Verzieren:
1 kleine Dose Pfirsichhälften
   (Abtropfgewicht 230 g)
200 g Schlagsahne
1 Pck. Dr. Oetker Vanillin-Zucker
1 Pck. Dr. Oetker Sahnesteif
Pistazienkerne

Zubereitungszeit:
60 Minuten

Pro Stück:
E: 8 g, F: 5 g, Kh: 19 g,
kJ: 644, kcal: 154

1. Das Backblech (30 x 40 cm) in den Ecken und in der Mitte einfetten und mit dem Backpapier belegen. Den Backofen vorheizen.

2. Für den Teig Eier und Wasser mit Handrührgerät mit Rührbesen auf höchster Stufe in 1 Minute schaumig schlagen. Zucker mit Vanillin-Zucker und Orangen-schalen-Aroma mischen, in 1 Minute einstreuen, dann noch etwa 2 Minuten schlagen.

3. Mehl mit Speisestärke und Backpulver mischen, die Hälfte davon auf die Eier-creme sieben, kurz auf niedrigster Stufe unterrühren. Restliches Mehlgemisch auf die gleiche Weise unterarbeiten. Einen Backrahmen (30 x 30 cm) auf das Backblech stellen. Teig hineingeben und glatt streichen. Das Backblech in den vorgeheizten Backofen schieben.

Ober-/Unterhitze: etwa 180 °C (mittlere Einschubleiste)
Heißluft: etwa 160 °C
Backzeit: etwa 15 Minuten.

4. Das Backblech auf einen Kuchenrost stellen, Biskuitboden erkalten lassen.

5. Für den Belag Gelatine nach Packungsanleitung einweichen. Quark in eine Rührschüssel geben, Buttermilch und Vanillin-Zucker unterrühren. Gelatine leicht ausdrücken, unter Rühren erwärmen (nicht kochen), bis sie völlig gelöst ist. Etwa 4 Esslöffel der Quarkmasse mit der Gelatine verrühren, dann mit der restlichen Quarkmasse verrühren. Die Masse auf dem Biskuitboden glatt strei-chen. 3 Stunden kalt stellen.

6. Zum Garnieren und Verzieren Pfirsichhälften in einem Sieb gut abtropfen lassen, in Spalten schneiden. Sahne mit Vanillin-Zucker und Sahnesteif steif schlagen, in einen Spritzbeutel mit Sterntülle geben.

7. Den Kuchen in 9 Stücke (10 x 10 cm) schneiden. Jedes Stück nochmals diagonal durchschneiden, so dass Dreiecke entstehen.

8. Die Buttermilchecken mit der Sahne aus dem Spritzbeutel verzieren und mit je einer Pfirsichspalte garnieren. Mit Pistazienkernen bestreuen.

Essen und Bewegung:

Schokoriegel, Cola-Getränk oder Riesen-Eisbecher mit Sahne? Die Vorstellung, dass sportliche Aktivitäten zahlreiche kleine und größere Ess-Sünden wieder wettmachen, ist weit verbreitet. Natürlich muss die verbrauchte Energie dem Körper wieder zugeführt werden, um das Körpergewicht zu halten. Doch Vorsicht! Häufig wird der Energieverbrauch beim Sport überschätzt. Wer das wöchentliche Training als Ausrede nutzt, um bei den Mahlzeiten umso herzhafter zuzugreifen, wird trotzdem mit einer Gewichtszunahme rechnen müssen. Empfehlenswert ist, das „Mehr" an Kalorien in Form einer kohlenhydratreichen und ausgewogenen Kost aufzunehmen.

Aktivität	Kalorienverbrauch in 30 Minuten
Fernsehen, Computer spielen, Büroarbeit	45
Gehen	90
Schlittschuhlaufen	150
Tischtennis	170
Tanzen	210
Radfahren	240
Tennis/Badminton	240
Skilaufen	270
Fußball	290
Brustschwimmen (50m/min)	340
Kraulen (50 m/min)	420
Handball, Basketball, Judo	420

Tigerrolle

Zutaten:
(8 Stück)

Für den Biskuitteig:
3 Eier (Größe M)
100 g Zucker
1 Pck. Dr. Oetker Vanillin-Zucker
½ Pck. Dr. Oetker Finesse Geriebene
   Zitronenschale
100 g Weizenmehl
¼ gestr. TL Dr. Oetker Backin

1 TL gesiebtes Kakaopulver

Für die Füllung:
6 Blatt weiße Gelatine
1 Dose Pfirsichhälften, natursüß
   (Abtropfgewicht 250 g)
2 EL Zitronensaft
150 ml Multivitaminsaft
200 g Joghurt-Frischkäse
   (etwa 16 % Fett)
40 g gesiebter Puderzucker

Zubereitungszeit:
40 Minuten

Pro Stück:
E: 8 g, F: 7 g, Kh: 39 g,
kJ: 1039, kcal: 248

1. Das Backblech (30 x 40 cm) in den Ecken und in der Mitte einfetten und mit dem Backpapier belegen. Den Backofen vorheizen.

2. Für den Teig Eier mit Handrührgerät mit Rührbesen auf höchster Stufe in 1 Minute schaumig schlagen. Zucker mit Vanillin-Zucker und Zitronenschale mischen, in 1 Minute einstreuen, die Masse weitere 2 Minuten schlagen. Mehl mit Backpulver mischen, die Hälfte davon auf die Eiercreme sieben, kurz auf niedrigster Stufe unterrühren. Restliches Mehlgemisch auf die gleiche Weise unterarbeiten. Für den dunklen Teig ein Drittel des Teiges abnehmen, Kakaopulver kurz unterrühren.

3. Dunklen Teig mit einem Esslöffel in unregelmäßigen Querstreifen auf das Backblech geben. Hellen Teig in die Teigzwischenräume geben und mit einer Teigkarte vorsichtig glatt streichen. Heller und dunkler Teig sollen das Muster eines Tigerfells ergeben. Das Backblech in den vorgeheizten Backofen schieben.

Ober-/Unterhitze: etwa 200 °C
Heißluft: etwa 180 °C
Backzeit: 10–15 Minuten.

4. Biskuitplatte lösen, 3–5 Minuten nach dem Backen mit dem Backpapier von der langen Seite aus aufrollen, auf einem Kuchenrost erkalten lassen.

5. Für die Füllung Gelatine nach Packungsanleitung in kaltem Wasser einweichen. Pfirsichhälften abtropfen lassen, fein würfeln. Gelatine leicht ausdrücken und mit Zitronensaft in einem kleinen Topf unter Rühren erwärmen (nicht kochen), bis sie völlig gelöst ist. Zuerst die Hälfte des Multivitaminsaftes unterrühren, dann mit dem restlichen Multivitaminsaft verrühren. Saft-Gelatine-Mischung kalt stellen.

6. Frischkäse und Puderzucker mit Handrührgerät mit Rührbesen auf höchster Stufe kurz aufschlagen. Sobald die Saft-Gelatine-Mischung anfängt dicklich zu werden, Frischkäse unterrühren und die Pfirsichwürfel unterheben.

7. Biskuitrolle vorsichtig abrollen. Füllung auf der Biskuitplatte verstreichen, von der längeren Seite aus aufrollen und dabei das mitgebackene Backpapier abziehen. Tigerrolle mindestens 2 Stunden kalt stellen und vor dem Servieren in 8 Scheiben einteilen.

Tipps für mehr Bewegung:

Warum Kinder regelmäßig Sport treiben sollten:

Sport

- *fördert die Koordination und Beweglichkeit*
- *unterstützt die Bildung der Muskulatur*
- *regt Herz und Kreislauf an*
- *beugt Haltungsschäden und Rückenschmerzen vor*
- *macht die Knochen stark*
- *verhindert Übergewicht*
- *fördert die körperliche Leistungsfähigkeit*
- *baut Widerstandskräfte auf*
- *verbessert das Körperbewusstsein*
- *vermittelt Selbstvertrauen und Selbstbewusstsein*
- *trainiert das Spiel- und Sozialverhalten*
- *fördert Freundschaften*

Himbeer-Zitrus-Tarteletts

Zutaten:
(6 Stück)

Für den Knetteig:
100 g Weizenmehl
½ gestr. TL Dr. Oetker Backin
40 g Zucker
1 Pck. Dr. Oetker Vanillin-Zucker
½ gestr. TL Dr. Oetker Finesse Geriebene
 Zitronenschale
40 g zerlassene, etwas abgekühlte
 Halbfett-Butter
1½ EL kaltes Wasser

Außerdem:
Backpapier
Hülsenfrüchte zum Blindbacken

Für die Füllung:
25 ml Zitronensaft
175 ml Apfelsaft
20 g Zucker
1 Pck. Tortenguss klar
100 g saure Sahne (10 % Fett)

Zum Garnieren:
150 g frische Himbeeren

Nach Belieben:
einige Zitronenmelisseblättchen
1 TL gesiebter Puderzucker

1. Die Tartelettförmchen (Ø 8 cm) einfetten. Den Backofen vorheizen.

2. Für den Teig Mehl mit Backplver mischen und in eine Rührschüssel sieben. Zucker, Vanillin-Zucker und Zitronenschale untermischen. Butter und Wasser hinzufügen und mit Handrührgerät mit Knethaken zunächst kurz auf niedrigster, dann auf höchster Stufe gut durcharbeiten.

3. Dann auf der leicht bemehlten Arbeitsfläche kurz zu einem Teig verkneten. Sollte der Teig kleben, ihn in Frischhaltefolie gewickelt 30 Minuten kalt stellen.

4. Teig in 6 gleich große Portionen teilen und zu 6 runden Platten (Ø etwa 14 cm) ausrollen. Teigplatten in 6 Tartelettförmchen legen, dabei am Rand festdrücken. Mehrmals mit einer Gabel einstechen.

5. Je ein Stück Backpapier auf den Teig legen, mit Hülsenfrüchten zum Blindbacken füllen. Die Förmchen auf dem Rost in den vorgeheizten Backofen schieben.

Ober-/Unterhitze: etwa 200 °C
Heißluft: etwa 180 °C
Backzeit: etwa 20 Minuten.

6. Nach 15 Minuten Backzeit die Hülsenfrüchte mit dem Backpapier entfernen und die Förmchen wieder auf dem Rost in den Backofen schieben. Tarteletts fertig backen.

7. Nach dem Backen Tarteletts kurz auf einem Kuchenrost auskühlen lassen, dann vorsichtig aus den Förmchen auf einen Kuchenrost stürzen und erkalten lassen.

Zubereitungszeit:
35 Minuten

Pro Stück:
E: 3 g, F: 4 g, Kh: 32 g,
kJ: 780, kcal: 186

8. Für die Füllung Zitronensaft mit Apfelsaft, Zucker und Tortengusspulver in einem kleinen Topf verrühren. Mischung unter Rühren zum Kochen bringen und ½ Minute köcheln lassen. Füllung etwa 1 Minute abkühlen lassen, dann die saure Sahne unterrühren. Die Füllung in die Tarteletts geben und vollständig erkalten lassen.

9. Zum Garnieren Himbeeren verlesen und auf die Tarteletts legen. Tarteletts nach Belieben mit Zitronenmelisseblättchen und Puderzucker bestäubt servieren.

Tipp:

Die kleinen knusprigen Tarteletts sind ideal zum Vorbereiten und für den Vorrat. Luftdicht und kühl gelagert halten Sie sich bis zu 1 ½ Wochen frisch.
Nach Belieben einfach mit frischen Früchten der Saison üppig füllen und mit etwas Tortenguss überziehen.

Tipps für mehr Bewegung:

Gestalten Sie Kinderzimmer und Wohnung so, dass ein Kind auch darin toben kann. Passt eine Kletterwand an die Kinderzimmerwand?

Freds Käsetorte

Zutaten:
(16 Stück)

Für den Boden:
125 g Löffelbiskuits
60 g zerlassene, abgekühlte Butter

Für den Belag:
250 g Magerquark
400 g Frischkäse (40 % Fett)
5 Eigelb (Größe M)
2 Becher (je 150 g) saure Sahne
  (10 % Fett)
2 EL Speisestärke
125 g Zucker
3 EL Zitronensaft
1 Pck. Dr. Oetker Finesse
  Geriebene Zitronenschale
5 Eiweiß (Größe M)

Zubereitungszeit:
40 Minuten, ohne Kühlzeit

Pro Stück:
E: 9 g, F: 8 g, Kh: 17 g,
kJ: 740, kcal: 177

1. Den Boden der Springform (Ø 26 cm) einfetten. Den Backofen vorheizen.

2. Für den Boden Löffelbiskuits in einen Gefrierbeutel geben, den Beutel fest verschließen. Die Löffelbiskuits mit einer Teigrolle zerbröseln und in eine Schüssel geben. Butter zu den Löffelbiskuitbröseln geben und gut verrühren.

3. Die Biskuitbröselmasse in die Springform geben und mit einem Esslöffel zu einem flachen Boden andrücken.

4. Für den Belag Magerquark, Frischkäse, Eigelb, saure Sahne, Speisestärke, Zucker, Zitronensaft und Finesse in eine Rührschüssel geben und gut verrühren. Eiweiß steif schlagen und vorsichtig unterheben.

5. Die Masse auf den Biskuitbröselboden geben und glatt streichen. Die Form auf dem Rost in den vorgeheizten Backofen schieben.

Ober-/Unterhitze: etwa 160 °C
Heißluft: etwa 140 °C
Backzeit: etwa 70 Minuten.

6. Die Form auf einen Kuchenrost stellen. Die Torte abkühlen lassen, mit einem Messer vom Springformrand lösen, dann aus der Form lösen und auf eine Kuchenplatte legen. Torte erkalten lassen.

Tipps für mehr Bewegung:
*Planen Sie Familien-Ausflüge und
Urlaub so, dass viel Bewegung auf
dem Programm steht.*

Aprikosen-Quark-Gugelhupf

Zutaten:
(20 Stück)

Zum Vorbereiten:
1 kleine Dose Aprikosenhälften
   (Abtropfgewicht 240 g)

Für den Rührteig:
100 g weiche Butter oder Margarine
150 g Zucker
1 Pck. Dr. Oetker Vanillin-Zucker
1 Prise Salz
4 Tropfen Dr. Oetker Bittermandel-Aroma
3 Eier (Größe M)
125 g Speisequark (Magerstufe)
1 EL Zitronensaft
300 g Weizenmehl
1 Pck. Dr. Oetker Backin

15 ganze, abgezogene Mandeln

Zum Bestreichen:
2 EL Aprikosenkonfitüre
2 EL Wasser

Zubereitungszeit:
30 Minuten

Pro Stück:
E: 4 g, F: 6 g, Kh: 23 g,
kJ: 682, kcal: 163

1. Die Gugelhupfform (Ø 22 cm) einfetten. Den Backofen vorheizen.

2. Zum Vorbereiten Aprikosenhälften in einem Sieb gut abtropfen lassen und in kleine Stücke schneiden.

3. Für den Teig Butter oder Margarine mit Handrührgerät mit Rührbesen auf höchster Stufe geschmeidig rühren. Nach und nach Zucker, Vanillin-Zucker, Salz und Aroma unterrühren. So lange rühren, bis eine gebundene Masse entstanden ist.

4. Eier nach und nach unterrühren (jedes Ei etwa ½ Minute). Quark und Zitronensaft unterrühren. Mehl mit Backpulver mischen, sieben, portionsweise auf mittlerer Stufe unterrühren. Aprikosenstücke unterheben.

5. Mandeln auf dem Boden einer Gugelhupfform verteilen. Den Teig darauf geben und glatt streichen. Die Form auf dem Rost in den vorgeheizten Backofen schieben.

Ober-/Unterhitze: etwa 180 °C
Heißluft: etwa 160 °C
Backzeit: etwa 50 Minuten.

6. Den Gugelhupf etwa 10 Minuten in der Form stehen lassen, dann aus der Form lösen und auf einen Kuchenrost stürzen.

7. Zum Bestreichen Konfitüre durch ein Sieb streichen, mit Wasser in einem kleinen Topf unter Rühren kurz aufkochen lassen. Die Kuchenoberfläche damit bestreichen. Gugelhupf erkalten lassen.

Tipps für mehr Bewegung:
*Kinder dürfen bei Wind und
Wetter draußen spielen.
Dabei auf entsprechende
Kleidung achten!*

Ananastorte

Zutaten:
(12 Stück)

Zum Vorbereiten:
2 Dosen Ananasringe, leicht gezuckert
  (Abtropfgewicht je 490 g)

Für den Biskuitteig:
2 Eier (Größe M)
50 g Zucker
50 g Weizenmehl
10 g Speisestärke
½ TL Dr. Oetker Backin

Für die Füllung:
12 Blatt weiße Gelatine
250 g Magerquark
250 g entrahmter Naturjoghurt
  (0,1 % Fett)
1 Pck. Dr. Oetker Finesse
  Bourbon-Vanille-Aroma
1 Pck. Safran (0,2 g)
2 EL Ananassaft aus der Dose
200 g Schlagsahne
1 gestr. EL Zucker

Zum Garnieren:
7 Ananasringe vom Vorbereiten
2 EL Ananaskonfitüre
2 EL Kokosraspel
4 Physalis (Kapstachelbeeren)

1. Zum Vorbereiten Ananasringe auf einem Sieb abtropfen lassen, dabei den Saft auffangen. 7 Ananasringe zum Garnieren beiseitelegen. Einen Bogen Backpapier auf den Boden der Springform (Ø 26 cm) legen und mit dem Springformrand straff einspannen. Den Backofen vorheizen.

2. Für den Teig Eier in einer Rührschüssel mit Handrührgerät mit Rührbesen auf höchster Stufe in einer Minute schaumig schlagen. Zucker in 1 Minute einstreuen, dann die Masse weitere 2 Minuten schlagen. Mehl mit Speisestärke und Backpulver mischen, auf die Eiermasse sieben, kurz auf niedrigster Stufe unterrühren. Teig in der Springform verstreichen. Die Form auf dem Rost in den vorgeheizten Backofen schieben.

Ober-/Unterhitze: etwa 180 °C
Heißluft: etwa 160 °C
Backzeit: etwa 20 Minuten.

3. Tortenboden etwas abkühlen lassen, aus der Form lösen und auf einen Kuchenrost stürzen. Backpapier abziehen. Tortenboden erkalten lassen, einen Tortenring darumstellen.

4. Für die Füllung Gelatine nach Packungsanleitung in kaltem Wasser einweichen. Ananasringe in Stücke schneiden und pürieren. Quark mit Joghurt, Aroma und Safran verrühren und unter das Ananaspüree rühren. Gelatine leicht ausdrücken und mit 2 Esslöffeln Ananassaft in einem kleinen Topf unter Rühren erwärmen (nicht kochen), bis sie vollständig gelöst ist.

5. Zuerst 3 Esslöffel von der Ananas-Quark-Masse mit der Gelatinelösung verrühren, dann mit der restlichen Ananas-Quark-Masse verrühren und kalt stellen.

Zubereitungszeit:
50 Minuten

Pro Stück:
E: 7 g, F: 8 g, Kh: 32 g,
kJ: 972, kcal: 232

6. Sahne mit Zucker steif schlagen. Wenn die Ananas-Quark-Masse anfängt dicklich zu werden, Sahne unterheben. Die Masse auf dem Tortenboden verstreichen. Die Oberfläche mit beiseite gelegten Ananasringen garnieren und mindestens 4 Stunden kalt stellen.

7. Tortenring lösen und entfernen. Konfitüre in einem kleinen Topf unter Rühren erwärmen. Tortenoberfläche damit bestreichen und mit Kokosraspeln bestreuen. Physalis aus der Hülle zupfen, abspülen, abtrocknen, halbieren und die Torte damit garnieren. Die Torte in 12 Stücke einteilen.

Apfelschnecken

Zutaten:
(8 Stück)

Für den Hefeteig:
250 g Weizenmehl
½ Pck. Dr. Oetker Trockenbackhefe
100 ml lauwarme fettarme Milch
   (1,5 % Fett)
50 g weiche Butter
1 Ei (Größe M)
1 TL Dr. Oetker Finesse
   Geriebene Zitronenschale
30 g Zucker

Für die Füllung:
3 Äpfel (je 150 g)
30 g Zucker
1 Prise gemahlener Zimt

10 g zerlassene Butter

Zum Bestreichen und Bestreuen:
1–2 EL fettarme Milch (1,5 % Fett)
1 EL Zucker
½ TL gemahlener Zimt

Zubereitungszeit:
20 Minuten

Pro Stück:
E: 5 g, F: 8 g, Kh: 38 g,
kJ: 1024, kcal: 245

1. Das Backblech (30 x 40 cm) in den Ecken und in der Mitte einfetten und mit Backpapier belegen. Für den Teig Mehl mit der Trockenbackhefe in einer Rührschüssel sorgfältig vermischen. Milch, Butter, Ei, Zitronenschale und Zucker hinzufügen.

2. Die Zutaten mit Handrührgerät mit Knethaken zunächst kurz auf niedrigster, dann auf höchster Stufe in etwa 5 Minuten zu einem glatten Teig verkneten. Den Teig zugedeckt so lange an einem warmen Ort gehen lassen, bis er sich sichtbar vergrößert hat.

3. Für die Füllung Äpfel schälen, vierteln, entkernen, in kleine Würfel schneiden und mit Zucker und Zimt verrühren.

4. Den Teig leicht mit Mehl bestäuben, aus der Schüssel nehmen und auf der bemehlten Arbeitsfläche nochmals kurz durchkneten. Den Teig zu einem Rechteck (20 x 15 cm) ausrollen und mit Butter bestreichen. Apfelwürfel darauf verteilen und den Teig von der längeren Seite aus aufrollen.

5. Die Teigrolle in 8 gleich dicke Scheiben schneiden und auf das Backblech legen. Den Backofen vorheizen. Teigscheiben nochmals so lange an einem warmen Ort stehen lassen, bis sie sich sichtbar vergrößert haben. Anschließend die Teigscheiben mit Milch bestreichen. Zucker und Zimt vermischen und die Apfelschnecken damit bestreuen.

6. Das Backblech in den vorgeheizten Backofen schieben.

Ober-/Unterhitze: etwa 200 °C
Heißluft: etwa 180 °C
Backzeit: 20–25 Minuten.

7. Die Apfelschnecken vom Backpapier lösen und auf einem Kuchenrost erkalten lassen.

Tipp:
Die Schnecken können eingefroren und aufgebacken werden.

Tipps für mehr Bewegung:

Im Alter von 3 bis 6 Jahren sollen Bewegung und Sport vor allem die natürliche Lebensfreude des Kindes unterstützen und so das Wohlbefinden und den allgemeinen Gesundheitszustand stabilisieren.

Aprikosen-Quark-Fladen

Zutaten:
(5 Stück)

Zum Vorbereiten:
1 Dose Aprikosenhälften, natursüß
  (Abtropfgewicht 240 g)
20 g Rosinen
2 EL Aprikosensaft aus der Dose

Für den Quark-Öl-Teig:
125 g Weizenmehl
1 gestr. TL Dr. Oetker Backin
20 g Zucker
75 g Magerquark
½ TL Dr. Oetker Finesse Geriebene
  Zitronenschale
2 EL fettarme Milch (1,5 % Fett)
1 ½ EL Speiseöl, z. B. Sonnenblumenöl

Für den Belag:
1 Ei (Größe M)
1 EL Zucker
75 g Magerquark
1 EL Hartweizengrieß (15 g)
1 EL Aprikosensaft aus der Dose

Zubereitungszeit:
25 Minuten

Pro Stück:
E: 9 g, F: 5 g, Kh: 74 g,
kJ: 1076, kcal: 257

1. Zum Vorbereiten Aprikosen auf einem Sieb gut abtropfen lassen, dabei den Saft auffangen. Rosinen mit 2 Esslöffeln von dem Saft verrühren und etwas durchziehen lassen. Ein Backblech (30 x 40 cm) in den Ecken und in der Mitte einfetten und mit Backpapier belegen. Den Backofen vorheizen.

2. Für den Teig Mehl mit Backpulver in einer Rührschüssel sieben. Zucker, Quark, Zitronenschale, Milch und Öl hinzufügen und mit Handrührgerät mit Knethaken kurz auf niedrigster, dann auf höchster Stufe zu einem glatten Teig verarbeiten (nicht zu lange, Teig klebt sonst).

3. Teig in 5 gleich große Portionen teilen, auf der leicht bemehlten Arbeitsfläche zu je einem etwa 1 cm dicken länglichen Fladen ausrollen und jedem Fladen einen kleinen Rand andrücken. Teigfladen auf das Backblech legen.

4. Für den Belag Ei mit Zucker schaumig aufschlagen. Quark mit Grieß, Rosinen und 1 Esslöffel vom Aprikosensaft verrühren und unter die Eimasse rühren. Quarkcreme auf die Teigfladen geben und die Aprikosenhälften darauf verteilen. Das Backblech in den vorgeheizten Backofen schieben.

Ober-/Unterhitze: etwa 180 °C
Heißluft: etwa 160 °C
Backzeit: 15–20 Minuten.

5. Die Fladen mit dem Backpapier auf einen Kuchenrost ziehen und erkalten lassen.

Tipp:
Die saftigen Aprikosen-Quark-Fladen schmecken frisch am besten.

Tipps für mehr Bewegung:
Im Schulalter brauchen Kinder bewegungsfreundliche Spielräume, Freiflächen, Bolzplätze, Plätze zum Rad-, Skateboardfahren und Inline-Skaten. Dazu kommt der Schulsport, der möglichst durch ausgebildete Sportlehrer unterrichtet werden sollte. Im Sportverein findet Ihr Kind sicherlich eine Sportart, die zu ihm passt.

Aprikosen-Streuselkuchen

Zutaten:
(20 Stück)

Für den Hefeteig:
375 g Weizenmehl
1 Pck. Dr. Oetker Trockenbackhefe
50 g Zucker
1 Pck. Dr. Oetker Vanillin-Zucker
1 Prise Salz
1 Pck. Dr. Oetker Finesse Geriebene
   Zitronenschale
1 Ei (Größe M)
25 g zerlassene abgekühlte
   Halbfettbutter (39% Fett)
150 ml lauwarme fettarme Milch
   (1,5 % Fett)

Für den Belag:
2 Dosen Aprikosenhälften
   (Abtropfgewicht je 480 g)
500 g fettarmer Joghurt (1,5% Fett)
75 g Zucker
2 Eier (Größe M)
1 Pck. Dr. Oetker Pudding-Pulver
   Vanille-Geschmack

Für die Streusel:
150 g Weizenmehl
50 g kernige Haferflocken
80 g Zucker
1 Pck. Dr. Oetker Vanillin-Zucker
80 g kalte Halbfettbutter (39% Fett)

Zubereitungszeit:
50 Minuten , ohne Teiggehzeit

1. Ein Backblech (30 x 40 cm) fetten. Für den Teig Mehl mit Trockenbackhefe in einer Rührschüssel sorgfältig vermischen. Zucker, Vanillin-Zucker, Salz, Zitronenschale, Ei, Butter und Milch hinzufügen.

2. Die Zutaten mit Handrührgerät mit Knethaken zunächst kurz auf niedrigster, dann auf höchster Stufe in etwa 5 Minuten zu einem Teig verarbeiten. Den Teig zugedeckt so lange an einem warmen Ort gehen lassen, bis er sich sichtbar vergrößert hat.

3. Für den Belag Aprikosenhälften auf einem Sieb gut abtropfen lassen.

4. Den gegangenen Teig leicht mit Mehl bestäuben, aus der Schüssel nehmen, auf der bemehlten Arbeitsfläche nochmals kurz durchkneten und auf dem Backblech ausrollen. Teigboden mehrmals mit einer Gabel einstechen.

5. Joghurt mit Zucker, Eiern und Pudding-Pulver gut verrühren. Die Joghurtmasse auf den Teigboden geben und glatt streichen, dabei am Rand etwa 1 cm frei lassen. Aprikosenhälften auf der Joghurtmasse verteilen.

6. Für die Streusel Mehl in eine Rührschüssel sieben, mit Haferflocken, Zucker und Vanillin-Zucker mischen, Butter hinzufügen. Die Zutaten mit Handrührgerät mit Rührbesen zu Streuseln von gewünschter Größe verarbeiten. Die Streusel auf den Aprikosenhälften verteilen. Den Backofen vorheizen.

7. Den Teig nochmals so lange an einem warmen Ort gehen lassen, bis er sich sichtbar vergrößert hat. Das Backblech in den vorgeheizten Backofen schieben.

Ober-/Unterhitze: etwa 180 °C
Heißluft: etwa 160 °C
Backzeit: etwa 30 Minuten.

8. Das Backblech auf einen Kuchenrost stellen. Den Kuchen erkalten lassen.

Pro Stück:
E: 6 g; F: 4 g; Kh: 44 g;
kJ: 1007; kcal: 240

Beim gemeinsamen Kochen und Backen bieten sich zahlreiche Gelegenheiten, die verschiedensten Dinge rund ums Thema Essen zu erklären, zum Beispiel wo die verschiedenen Lebensmittel angebaut werden, Küchentricks aus Omas Zeiten und natürlich auch, warum wir eigentlich essen und welche Speisen uns besonders gut tun.

Hefewaffeln

Zutaten:
(20 Stück)

Für den Hefeteig:
200 g Weizenmehl (Type 550)
1 Pck. Dr. Oetker Hefeteig Garant
250 ml (¼ l) fettarme Milch (1,5% Fett)
2 EL Zucker
1 Prise Salz
1 Ei (Größe M)
15 g zerlassene abgekühlte Butter oder
  Margarine

Zum Bestäuben:
Puderzucker

1. Für den Teig Mehl mit Hefeteig Garant in einer Rührschüssel mischen. Milch, Zucker, Salz, Ei und Butter oder Margarine hinzufügen und alles mit Handrührgerät mit Knethaken in etwa 2 Minuten zu einem glatten Teig verarbeiten.

2. Den Teig in kleinen Portionen in ein gut erhitztes, beschichtetes Waffeleisen geben. Die Waffeln goldbraun backen und einzeln auf einen Kuchenrost legen. Waffeln warm oder kalt mit Puderzucker bestäubt servieren.

Tipp:
Servieren Sie die Waffeln mit
Roter Grütze aus dem Kühlregal.

Zubereitungszeit:
45 Minuten

Pro Stück:
E: 7 g; F: 5 g; Kh: 33 g;
kJ: 877; kcal: 209

Käse-Beeren-Torte

Zutaten:
(20 Stück)

Für den Boden:
150 g Löffelbiskuits
90 g zerlassene, abgekühlte Butter
   oder Margarine

Für den Belag:
10 Blatt weiße Gelatine
600 g fettreduzierter Frischkäse
   (16 % Fett)
300 g fettarmer Naturjoghurt (1,5 % Fett)
125 g Zucker
180 ml weißer Traubensaft
20 ml Zitronensaft
300 g gemischte frische Beeren, z. B. rote
   Johannisbeeren und Himbeeren oder
   aufgetaute TK-Beeren

Zubereitungszeit:
40 Minuten

Pro Stück:
7 g, F: 14 g, Kh: 23 g,
kJ: 1035, kcal: 248

1. Runde Tortenspitze oder Backpapier (Ø etwa 28 cm) auf eine Tortenplatte legen und einen geschlossenen Springformrand (Ø 26 cm, ohne Boden) darauf stellen.

2. Für den Boden Löffelbiskuits in einen Gefrierbeutel geben, den Beutel fest verschließen. Die Löffelbiskuits mit einer Teigrolle zerbröseln und in eine Schüssel geben. Butter oder Margarine hinzugeben und mit den Biskuitbröseln verrühren.

3. Die Masse gleichmäßig in dem Springformrand verteilen und mit einem Esslöffel gut andrücken, kalt stellen.

4. Für den Belag Gelatine nach Packungsanleitung in kaltem Wasser einweichen. Frischkäse, Joghurt und Zucker mit Handrührgerät mit Rührbesen geschmeidig rühren. Die Gelatine leicht ausdrücken und mit Trauben- und Zitronensaft in einem Topf unter Rühren erwärmen (nicht kochen), bis sie vollständig gelöst ist.

5. Gelatinemischung zuerst mit zwei Esslöffeln von der Frischkäse-Joghurt-Masse verrühren, dann unter die restliche Frischkäse-Joghurt-Masse rühren. Belag kühl stellen, bis er beginnt dicklich zu werden.

6. Beeren verlesen oder waschen, abtropfen lassen und entstielen, einige Beeren zum Garnieren beiseitelegen. Restliche Beeren unter den Belag heben.

7. Belag auf den Biskuitbröselboden geben und glatt streichen. Die Torte etwa 4 Stunden kalt stellen.

8. Die Torte mit einem Messer vom Springformrand lösen, Springformrand entfernen und Torte mit den beiseite gelegten Beeren garnieren.

Tipp:
Kalt gestellt hält sich die Torte 2–3 Tage frisch.

Schaffen Sie feste gemeinsame Essenszeiten sowohl für den Alltag als auch für die Feiertage. So sehr strenge Strukturen früher als belastend empfunden wurden, so sehr vermisst man sie heute. Wenn Sie jede Mahlzeit erst neu verabreden müssen, dann wird das gemeinsame Essen schon im Vorfeld anstrengend.

Sauerkirsch-Schoko-Muffins

Zutaten:
(6 Stück)

Zum Vorbereiten:

75 g TK-Sauerkirschen oder Kirschen
  aus dem Glas

Für den Teig:

50 g Zwieback
75 ml Kakaotrunk aus entrahmter Milch
1 Eiweiß (Größe M)
1 Pck. Dr. Oetker Vanillin-Zucker
1 Prise Jodsalz
1 Eigelb (Größe M)
20 g Zucker
2 EL warmes Wasser
15 g zerlassene, abgekühlte Halbfett-
  Butter
20 g Weizenmehl
½ TL Dr. Oetker Backin
15 g geriebene Zartbitter-Schokolade

Zubereitungszeit:
20 Minuten

Pro Stück:
E: 3 g, F: 4 g, Kh: 19 g,
kJ: 534, kcal: 128

1. TK-Kirschen auftauen und abtropfen lassen. Kirschen aus dem Glas auf einem Sieb gut abtropfen lassen. Eine Muffinform (für 6 Muffins) mit Papierbackförmchen auslegen. Den Backofen vorheizen.

2. Für den Teig Zwieback in einen Gefrierbeutel geben, diesen fest verschließen und den Zwieback mit einer Teigrolle fein zerbröseln. Zwiebackbrösel in eine Schüssel geben und mit dem Kakaotrunk verrühren.

3. Eiweiß steif schlagen. Vanillin-Zucker und Salz einrieseln lassen und kurz unterschlagen. Eigelb mit Zucker und Wasser in etwa 3 Minuten zu einer cremigen Masse aufschlagen.

4. Butter unter die Bröselmasse rühren. Mehl mit Backpulver mischen und auf die Eigelbmasse sieben, kurz unterschlagen. Butter-Brösel-Masse und geriebene Schokolade unterrühren. Zuletzt steif geschlagenes Eiweiß unterheben.

5. Teig in die Muffinform füllen. Kirschen gleichmäßig auf dem Teig verteilen und leicht eindrücken. Die Form auf dem Rost in den vorgeheizten Backofen schieben.

Ober-/Unterhitze: etwa 180 °C
Heißluft: etwa 160 °C
Backzeit: 25–30 Minuten.

6. Nach dem Backen die Muffins in der Form etwa 10 Minuten stehen lassen, dann die Muffins mit den Papierförmchen auf einem Kuchenrost vollständig erkalten lassen.

Tipp:
Aufgrund der geringen Kalorien dürfen Sie 2 Sauerkirsch-Schoko-Muffins essen. Die Muffins halten sich in Frischhaltefolie gewickelt und kalt gestellt 2–3 Tage frisch.

Die optimale Kinderkost ist eine Mischung aus pflanzlichen und tierischen Lebensmitteln, von denen ein Teil roh und ein Teil gekocht auf den Tisch kommt. Es gibt vom Forschungsinstitut für Kinderernährung, Dortmund, eine ganz einfache Formel für die beste Kombination an Lebensmitteln:

- **reichlich Pflanzliche**
- **mäßig Tierische**
- **sparsam Fett- und Zuckerreiche**

Eine Ernährung, die sich an diesen Grundsätzen orientiert, versorgt Kinder mit allen wichtigen Nährstoffen bzw. Bausteinen, die sie für ihr Wachstum und für ihre gesunde Entwicklung benötigen.

Energie –
Motor des Lebens

Ob zum Toben, Lernen oder Schlafen – Kinder brauchen ständig Energie, um sich zu bewegen, für die Aufrechterhaltung der Körpertemperatur, für Stoffwechselprozesse, um zu wachsen und vieles mehr (die Erwachsenen natürlich auch!). Die Energie trägt dazu bei, dass im Körper alles reibungslos funktioniert und wir körperlich aktiv sein können.
Diese Energie liefern uns unsere Lebensmittel. Sie entsteht durch die Verbrennung der energiebringenden Nahrungsbausteine. Das sind Fette, Kohlenhydrate und Eiweiße. Gemessen wird die

Energie in Kilokalorien (kcal) bzw. Kilojoule (kJ). Kohlenhydrate und Eiweiße haben pro Gramm etwa 4 kcal, Fette bringen mit 9 kcal pro Gramm mehr als das Doppelte mit.
Der Bedarf der Kinder unterscheidet sich in der Relation kaum von dem der Erwachsenen. So braucht ein Kind:

- **55 % der Energie in Form von Kohlenhydraten**
- **30 % der Energie in Form von Fett**
- **15 % der Energie in Form von Eiweißen**

Auf die richtige Kombination der Lebensmittel kommt es an!

Kinder benötigen viel Energie, da sie sehr schnell wachsen.

Richtwerte für die Energiezufuhr

Altersgruppe	Energie in kcal	
	männlich	weiblich
Kinder		
1 bis 4 Jahre	1000 – 1200	900 – 1100
4 bis 7 Jahre	1300 – 1700	1200 – 1600
7 bis 10 Jahre	1700 – 2100	1500 – 1900
10 bis 13 Jahre	2000 – 2600	1800 – 2200
Jugendliche und Erwachsene		
13 bis 15 Jahre	2400 – 3000	1900 – 2500
15 bis 19 Jahre	2500 – 3300	2000 – 2600
19 bis 25 Jahre	2500 – 3100	1900 – 2500
25 bis 51 Jahre	2400 – 3100	1900 – 2400
51 bis 65 Jahre	2200 – 2800	1800 – 2300
über 65 Jahre	2000 – 2500	1600 – 2100

Quelle: Modifiziert nach „D-A-CH-Referenzwerte für die Nährstoffzufuhr", DGE, ÖGE, SGE und SVE 2000

Kohlenhydrate – Kraft für den Tag

In einer ausgewogenen Ernährung stammt über die Hälfte der Energie von den Kohlenhydraten. Sie sind für den Körper die ideale Energiequelle. Zur Gruppe der Kohlenhydrate zählen alle Zucker- und Stärkearten, das heißt Kohlenhydrat ist nicht gleich Kohlenhydrat. So stecken Kohlenhydrate vor allem in pflanzlichen Lebensmitteln wie Brot, Getreideflocken, Nudeln, Reis, Kartoffeln, Obst und Gemüse aber auch in Schokolade, Honig, Limonade oder Keksen. Man unterscheidet bei Kohlenhydraten zwischen Einfach-, Zweifach- und Mehrfachzuckern (Stärke) – je nachdem aus wie vielen Zuckerbausteinen sie bestehen. Die beiden bekanntesten Einfachzucker sind Trauben- und Fruchtzucker. Zweifachzucker wie der alltägliche Haushaltszucker, Rohr- oder Milchzucker bestehen aus zwei Bausteinen.

Aus vielen Bausteinen aufgebaute Kohlenhydrate heißen Mehrfachzucker, Stärke oder komplexe

Kohlenhydrate. Sie kommen meist gemeinsam mit Vitaminen, Mineral- und Ballaststoffen zum Beispiel in Vollkorngetreide vor. Je höher der Anteil naturbelassener Kohlenhydrate im Lebensmittel ist, desto mehr dieser wertvollen Stoffe sind enthalten. Mehrfachzucker kann der Körper nur verwerten, wenn sie während der Verdauung in ihre Bausteine, die Zucker, aufgespalten werden. Der Gedanke, es sei dann doch egal, ob man nun Lebensmittel mit komplexen Kohlenhydraten oder direkt zuckerreiche Produkte verzehre, ist aber nicht richtig: Neben den vielen lebenswichtigen Nährstoffen, die Vollkorngetreideprodukte und Gemüse mitbringen, sättigen sie auch noch besser als Produkte, die reichlich Einfach- oder Zweifachzucker enthalten wie Süßigkeiten, Kekse & Co.

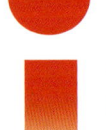

Also besser Vollkornbrot statt helles Brot essen!

Eiweiße – Bausteine für den Körper

Eiweiße – auch als Proteine bezeichnet – liefern die Grundbausteine des Lebens. Jede Zelle des menschlichen Körpers besteht zu einem großen Teil aus Eiweißbausteinen. Der Körper baut ständig Eiweiße ab, die durch Nahrungseiweiße ersetzt werden müssen. Jedes Eiweiß ist aus einzelnen Bausteinen anders zusammengesetzt. Die Bausteine des Eiweißes heißen Aminosäuren. Aminosäuren werden eingeteilt in unentbehrliche (essenzielle) und entbehrliche (nicht-essenzielle). Die entbehrlichen Aminosäuren können im Körper selbst gebildet werden. Die unentbehrlichen Aminosäuren kann der Körper dagegen nicht selbst produzieren, sie müssen mit der Nahrung zugeführt werden.

Je mehr körpereigenes Protein aus einem Nahrungsprotein gebildet werden kann, desto höher ist dessen biologische Wertigkeit. Tierisches Eiweiß ähnelt dem Eiweiß des menschlichen Körpers mehr als pflanzliches Eiweiß. Deshalb haben tierische Proteine meist auch eine besonders hohe biologische Wertigkeit. Aber durch geschickte Kombinationen pflanzlicher Lebensmittel, die unterschiedliche Eiweißbausteine liefern, kann man ebenfalls eine hohe biologische Wertigkeit erreichen. Denn die Aminosäuren ergänzen sich untereinander. So wird pflanzliches Protein beispielsweise aus Getreide durch tierisches Protein zum Beispiel aus Milch aufgewertet.

Besonders gute Eiweißkombination liefern:

- Kartoffeln mit Kräuterquark
- Kartoffeln mit Ei
- Kartoffeln mit Fisch oder Fleisch
- Kartoffeln und Käse (Auflauf)
- Brot mit Quark oder Käse

Die Höhe der Zufuhrempfehlung bezieht sich auf das jeweilige Körpergewicht. So benötigen:

- Säuglinge etwa 1 Gramm Protein pro Kilogramm Körpergewicht.
- Kinder und Jugendliche 0,9 Gramm Protein pro Kilogramm Körpergewicht, das entspricht ca. 13 bis 60 Gramm Protein pro Tag.
- Erwachsene 0,8 Gramm Protein pro Kilogramm Körpergewicht, das sind bei Frauen rund 48 Gramm, bei Männern etwa 59 Gramm Protein täglich.

Fette – die Superbrennstoffe

Zu einer ausgewogenen Ernährung gehören selbstverständlich auch Fette – aber in geringer Menge und von guter Qualität. Ernährungsexperten empfehlen, täglich maximal 25 bis 30 % der benötigten Gesamtenergie in Form von Fett aufzunehmen. Fette erfüllen in unserem Körper wichtige Aufgaben: Sie sind unsere Hauptenergielieferanten und bringen mit 9 kcal pro Gramm rund doppelt soviel

Energie mit wie Kohlenhydrate und Eiweiße. Außerdem versorgen sie den Organismus mit den lebensnotwendigen mehrfach ungesättigten Fettsäuren und sind Lieferanten der fettlöslichen Vitamine A, D, E und K sowie von beta-Carotin. Sie sind notwendig für den ständigen Aufbau neuer Zellen. Viele Geschmacks- und Duftstoffe sind fettlöslich und dem Fett ist es darüber hinaus zu verdanken, dass Lebensmittel ein angenehm samtiges Gefühl im Mund hinterlassen.

Für unsere Vorfahren war die hervorragende Energielieferung durch das Fett besonders wichtig: Mit Hilfe von Fett konnten die Menschen Energiereserven für Hungerzeiten anlegen. Was einst sinnvoll war, ist in unserer jetzigen Überflussgesellschaft allerdings ein Problem. Denn auch heute noch horten wir Fett als Reserve für eventuelle magere Zeiten und ganz schnell entwickeln sich überschüssige Fettpölsterchen rund um Bauch, Hüfte und Po: **Fett ist der Dickmacher Nummer eins.**

Vitamine – kleine Menge, große Wirkung

Schon in kleinsten Mengen tragen 13 Vitamine dazu bei, dass im Körper alles funktioniert: Vitamine sind ähnlich wie einige Fett- und Aminosäuren essenziell, das heißt sie sind lebensnotwendig, da der Körper sie nicht selbständig aufbauen kann. Sie sind für den reibungslosen Ablauf biochemischer Prozesse im Körper, wie zum Beispiel für den Wachstumsstoffwechsel, den Zellaufbau, die Verdauung und den Sauerstofftransport im Blut zuständig. Da sie nicht als Baustoffe benötigt werden, brauchen wir sie nur in geringen Mengen. Sie heißen deshalb auch Mikronährstoffe. Vitamine sind entweder fett- oder wasserlöslich und werden dementsprechend eingeteilt:

Fettlöslich sind die Vitamine A, D, E und K. Sie werden mit Nahrungsfetten über den Darm aufgenommen und in Leber und Fettgewebe bis zu einem Jahr gespeichert (Ausnahme Vitamin K). Daher sollte man nicht jeden Tag höhere Dosen Vitamin A, D und E zu sich nehmen. Eine zu große Menge kann sogar schädlich sein.

Zu den **wasserlöslichen Vitaminen** zählen Vitamin C und die B-Vitamine: B_1, B_2, Niacin, B_6, Pantothensäure, Biotin, Folsäure und B_{12}. Wasserlösliche Vitamine müssen dem Körper ständig neu zugeführt werden, da sie über den Urin ausgeschieden werden. Vitamin C stärkt unser Immunsystem während die B-Vitamine für die Energiegewinnung unerlässlich sind.

Fettlösliche Vitamine können nur in Verbindung mit Fett vom Körper aufgenommen werden. Daher zum Beispiel Möhrensalat mit etwas Pflanzenöl anmachen.

Folsäure ist das Wachstumsvitamin. Besonders viel Folsäure ist in rohem Gemüse.

Mineralstoffe und Spurenelemente – lebenswichtige Helfer

Ob beim Aufbau von Knochen, Zähnen, Hormonen und Blutzellen, bei der Erhaltung der Gewebespannung, der Übertragung von Reizen auf Nervenzellen oder der Aktivierung von Enzymen im Stoffwechsel – überall spielen Mineralstoffe und Spurenelemente eine wichtige Rolle. Je nach mengenmäßigem Gehalt im Körper unterteilt man in Mineralstoffe, zu denen Kalzium, Phosphat, Kalium, Magnesium, Natrium und Chlorid gehören und in Spurenelemente, zu denen Eisen, Jod, Fluorid, Selen und Zink zählen. Insgesamt sind 21 Mineralstoffe bekannt, die im Körper eine Funktion ausüben. Die meisten von ihnen werden nur in Spuren benötigt, und ein ausgeprägter Mangel wird selten beobachtet.

Sekundäre Pflanzenstoffe – schützen und stärken

„One apple a day keeps the doctor away – ein Apfel am Tag hält den Doktor fern", besagt ein Sprichwort. Doch nicht nur Äpfel haben diese positive Wirkung auf die Gesundheit. Ob gelb oder rot, blau, violett oder grün – besonders stark gefärbte Obst- und Gemüsesorten enthalten jede Menge Gesundheitsschützer: Die sogenannten „sekundären Pflanzenstoffe". Sie bilden in der Pflanze die Farb-, Duft- und Aromastoffe sowie die Enzyme. Mit so komplizierten Namen wie Carotinoide, Flavonoide, Polyphenole, Glukosinolate oder Saponine entfalten sie im Körper zahlreiche verschiedene Schutzwirkungen. Wir nehmen mit Obst und Gemüse etwa 10.000 verschiedene sekundäre Pflanzenstoffe auf. Einen Teil der sekundären Pflanzenstoffe:

- **kann man sehen, zum Beispiel die rot-gelben Carotinoide in Möhren oder in Paprika, das grüne Chlorophyll in Brokkoli oder Spinat, die rot-violetten Anthozyane in Rotkohl oder blauen Trauben.**
- **kann man riechen, zum Beispiel Sulfide (schwefelhaltige Verbindungen) in Knoblauch oder Zwiebeln. Die Sulfide sind für die tränenden Augen beim Zwiebelschneiden verantwortlich.**
- **kann man schmecken, zum Beispiel geben Polyphenole der Chili- und der Paprikaschote ihre Schärfe oder Glucosinolate dem Rettich und der Kresse ihren aromatischen Geschmack.**

Die meisten dieser Stoffe sitzen überwiegend in der Schale oder in den äußeren Blättern von Obst und Gemüse. In unserem Körper beeinflussen die sekundären Pflanzenstoffe eine Vielzahl an Stoffwechselprozessen positiv: Sie schützen vor Krebs und Herz-Kreislauf-Erkrankungen, stabilisieren das Immunsystem, hemmen Entzündungsprozesse, wirken antimikrobiell und blutgerinnungshemmend. Außerdem bewahren sie antioxidativ wirkende Vitamine vor der Zerstörung. Sie haben also einen „vitaminsparenden" Effekt. Ausschlaggebend für die besondere Schutzwirkung von Obst und Gemüse ist das Zusammenspiel all dieser natürlichen Inhaltsstoffe – kein Stoff kann dies alleine. Um in den Genuss dieser Gesundheitsschutzer zu kommen, sollten Sie möglichst Obst und Gemüse aus der gesamten Farbpalette auswählen.

Ballaststoffe (Nahrungsfasern) – kein unnötiger Ballast!

Ballaststoffe sind unverdauliche Pflanzenbestandteile, die keine Energie liefern. Trotzdem sind sie nicht nutzlos, sondern ein wichtiger Bestandteil der gesunden Ernährung: Sie regen zum Kauen an und

Je bunter, desto besser – getreu dem Motto „5 mal am Tag Obst und Gemüse!

Besonders in Getreide, Getreideprodukten sowie in Obst, Gemüse und Hülsenfrüchten stecken die Ballaststoffe.

sättigen langanhaltend. Dann gelangen sie unverdaut in den Dickdarm und werden dort wirksam, indem sie die Darmtätigkeit anregen, Verstopfung verhindern oder beseitigen, Hämorrhoiden vorbeugen und vor Darmkrebs schützen können, da sie im Darm krebserregende Stoffe binden und abtransportieren. Außerdem beugen sie einem zu hohen Cholesterin- und einem zu hohen Blutzuckerspiegel vor. Damit sind sie der beste Schutz vor Herz-Kreislauf-Erkrankungen.

Ballaststoffreiche Lebensmittel

- **Getreideprodukte:** Vollkornmehl, Vollkornflocken, Vollkornschrot, Getreidekeime, Vollkornteigwaren, Naturreis, Müsli
- **Brot:** Roggenvollkornbrot, Roggenschrotbrot, Weizenvollkornbrot, Weizenschrotbrot, Sojabrot, Leinsamenbrot
- **Gemüse:** grüne Bohnen, Erbsen, Rosenkohl, Brokkoli, Fenchel, Rotkohl, Weißkohl, Grünkohl, Wirsing, Rote Bete, Zuckermais, Linsen, Kartoffeln, Sprossen, Keimlinge, Lauch, Möhren, Sellerie
- **Obst:** Erdbeeren, Himbeeren, Brombeeren, Heidelbeeren, Stachelbeeren, Jostabeeren, Trockenobst
- **Nüsse/Samen:** alle Nüsse, Mandeln, Leinsamen, Sesamsamen, Mohnsamen, Sonnenblumenkerne

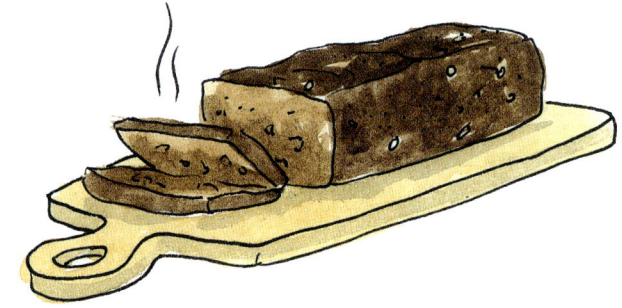

Wasser – ohne läuft nichts!

Wasser ist das Lebensmittel Nummer eins. Es kann durch nichts ersetzt werden. Der Mensch benötigt Wasser als Baustoff, Lösungs-, Transport- und Kühlmittel. Ohne besondere körperliche Anstrengung verlieren wir täglich etwa 2,5 Liter Flüssigkeit über Schweiß, Atemluft und Harn, die durch Getränke und feste Nahrung wieder aufgefüllt werden müssen. Der normale Wasserverlust des Körpers kann durch starkes Schwitzen, schwere körperliche Arbeit, Hitze und Sport um das drei- bis vierfache erhöht werden. Durch das Durstgefühl reguliert der Körper seinen Wasserhaushalt.

Ernährungswissenschaftler empfehlen, dass Kinder zwischen 7 und 10 Jahren rund einen Liter pro Tag trinken sollten und Jugendliche zwischen 15 und 19 Jahre 1,5 Liter. Man kann übrigens nicht zuviel trinken. Die längst widerlegte Vorstellung, dass zu viel Trinken ungesund sei, ist immer noch verbreitet und sogar in einigen Schulbüchern zu finden. Den falschen Ratschlag, nicht zu viel zu trinken, hören Kinder und Jugendliche nicht selten auch von ihren Eltern oder anderen Erwachsenen. Es wird zudem häufig noch davon abgeraten, Leitungswasser zu trinken. Dabei ist deutsches Trinkwasser ein hervorragend geeignetes Getränk zum Durstlöschen. Im Zweifelsfall erkundigen Sie sich bei ihrer örtlichen Wasserversorgung nach der Trinkwasserqualität.

Konzentration mangelhaft

Wer zu wenig trinkt, kann sich schlechter konzentrieren. Eine unzureichende Flüssigkeitsaufnahme führt zu Einschränkungen der geistigen und körperlichen Leistungsfähigkeit. Das kann sich zum Beispiel auch negativ auf die Konzentration und Aufmerksamkeit im Unterricht auswirken. Der Grund: Das Blut fließt langsamer, und gleichzeitig werden Muskeln und Gehirn mit weniger Sauerstoff und Nährstoffen versorgt.

Welche Lebensmittelmengen braucht ein Kind?

Der Energiebedarf eines Kindes hängt von seiner Größe und seiner Aktivität ab. So brauchen zarte, kleine oder ruhige Kinder weniger Energie als gleichaltrige lebhaftere, sportliche oder für ihr Alter große Kinder. Auch Jungen verbrauchen meist mehr Energie als Mädchen. Die Menge an benötigten Lebensmitteln kann also von Kind zu Kind stark schwanken. Die Anhaltswerte für Verzehrsmengen sind daher als Orientierung zu verstehen und in keinem Fall ein „Muss". Wichtig ist nur das Verhältnis der Lebensmittel untereinander. Kinder können zeitweise einen völlig unterschiedlichen Appetit haben. Wenn Ihr Kind gelegentlich schlecht isst, besteht also kein Grund zur Sorge. Auch wenn Ihr Kind mal etwas mehr isst als nötig, führt dies nicht gleich zu Übergewicht.

Anhaltswerte für altersgemäße Lebensmittelverzehrsmengen pro Kind und Tag

Alter (Jahre)		1	2 bis 3	4 bis 6	7 bis 9	10 bis 12	13 bis 14	15 bis 18
Energie	kcal/Tag	950	1.100	1.450	1.800	2.150	2.200/2.700	2.500/3.100
Empfohlene Lebensmittel (= 90 % der Gesamtenergie)							w/m	w/m
reichlich								
Getränke	ml/Tag	600	700	800	900	1.000	1.200/1.300	1.400/1.500
Brot, Getreide (-flocken)	g/Tag	80	120	170	200	250	250/300	280/350
Kartoffeln1)	g/Tag	80	100	130	150	180	200/250	230/280
Gemüse	g/Tag	120	150	200	220	250	260/300	300/350
Obst	g/Tag	120	150	200	220	250	260/300	300/350
mäßig								
Milch, -produkte2)	ml (g)/Tag	300	330	350	400	420	425/450	450/500
Fleisch, Wurst	g/Tag	30	35	40	50	60	65/75	75/85
Eier	Stck./Woche	1-2	1-2	2	2	2-3	2-3/2-3	2-3/2-3
Fisch	g/Woche	50	70	100	150	180	200/200	200/200
sparsam								
Öl, Margarine, Butter	g/Tag	15	20	25	30	35	35/40	40/45
Geduldete Lebensmittel (=10 % der Gesamtenergie)								
zuckerreich	g/Tag	25	30	40	50	60	60/75	70/85
fettreich	g/Tag	5	5	10	10	15	15/20	15/20

1) oder Nudeln, Reis u. a. Getreide; 2) 100 ml Milch entsprechen im Kalziumgehalt ca. 15 g Schnittkäse oder 30 g Weichkäse

(Quelle: Forschungsinstitut für Kinderernährung, Empfehlung für die Ernährung von Kindern und Jugendlichen - optimix, 2005)

Beispiele für Mengenangaben:

Portion	in Gramm	Portion	in Gramm
1 Scheibe Brot	40–50	1 Scheibe Käse	30
1 Brötchen	40–50	1 Scheibe Wurstaufschnitt	25
1 Kartoffel	40–50	1 Schnitzel	100
1 Esslöffel Getreideflocken	10	1 Esslöffel Butter/Margarine	12
1 Esslöffel gekochter Reis	20	1 Esslöffel Pflanzenöl	10
1 Esslöffel gekochte Nudeln	20	1 Kugel Eiscreme	50
1 Apfel	90–100	1 Teelöffel Konfitüre	10
1 Banane	100	1 gestr. Teelöffel Nuss-Nougatcreme	10
1 Tasse Milch	200 ml	1 Stück Marmorkuchen	35

(Quelle: Forschungsinstitut für Kinderernährung, Dortmund)

Die Ernährungspyramide

Süßigkeiten und Knabbereien

Speisefette und –öle

Milch und Milchprodukte, Fleisch,
Fleischwaren, Fisch und Eier

Obst

Gemüse

Getreide, Getreideprodukte
und Kartoffeln

Getränke

Und wie viel Obst und Gemüse?

Täglich fünf Portionen Obst und Gemüse schützen die Gesundheit Ihrer Kinder (und Ihre eigene). Nehmen Sie als Maß die Hände zur Hilfe. Drei Hände voll Gemüse und zwei Hände voll Obst sollten es sein. Dabei gilt, kleine Hand vom Junior = kleine Portion, große Hand vom Papa = große Portion. Eine Portion davon kann auch durch ein Glas Obst- oder Gemüsesaft ersetzt werden.

Vor dem Fernseher kann man Gemüse prima knabbern, z. B. Möhren-, Kohlrabi- oder Paprikastifte mit einem leckeren Kräuter-Dip!

So sieht ein obst- und gemüsereicher Tag aus:

- **Frühstück:**
  1 Portion (2 geh. EL) Früchtemüsli mit 1 Handvoll Erdbeeren
- **Pausenbrot:**
  Vollkornbrötchen mit Käse, Salat und Gurkenscheiben plus einen Apfel
- **Mittagessen:**
  1 Handvoll Blumenkohl, als Beilage zum Hauptgericht
- **Snack:**
  ½ Paprika + 1 Stück Gurke, geschnitten
- **Abendessen:**
  1 kleiner grüner Salat, z. B. zum Vollkornbrot

Für starke Knochen: Milch und Milchprodukte

Kinder brauchen täglich Milch und Milchprodukte wie Quark, Joghurt, Dickmilch oder Käse. Milch ist unser bester Kalziumlieferant und daher sehr wichtig für einen gesunden Knochenaufbau. Übrigens, auch für Erwachsene sind Milch und Milchprodukte nötig, damit die Knochen im Alter ausreichend stabil bleiben.

Mein Kind mag keine Milch!
Mag Ihr Kind Milch „pur" nicht, dann bieten Sie ihm Milch in Form von Kakao, Joghurt, Käse, Quark, Milchshakes oder Müsli an. Sie können Milch und Käse auch beim Kochen verwenden, zum Beispiel in Aufläufen, Pudding, Suppen oder Saucen. Gehen Sie mit gutem Beispiel voran und trinken auch Sie regelmäßig Milch und essen Sie Joghurt, Quark oder Käse. Lehnt Ihr Kind sämtliche Milchprodukte ab, muss das Kalzium aus anderen Quellen kommen: Kalziumreiches Mineralwasser (150 mg Kalzium pro Liter) sowie kalziumangereicherte Säfte eignen sich ebenso wie kalziumreiches Gemüse. Bringen Sie reichlich Brokkoli, grüne Bohnen, Fenchel, Grünkohl, Mangold, Rucola, Spinat und Haselnüsse auf den Tisch.

Ob Sie Frischmilch oder H-Milch wählen ist unerheblich, da beide Milchsorten sich im Nährstoffgehalt nicht wesentlich unterscheiden. H-Milch (ultrahocherhitzte Milch) wird stärker erhitzt als Frischmilch (pasteurisierte Milch) und ist daher bei ungeöffneter Packung länger haltbar. H-Produkte haben den Vorteil, dass sie sich besser lagern lassen, während Frischmilch vielen Kindern etwas besser schmeckt. Nicht zu empfehlen dagegen ist Rohmilch in der Kinderernährung. Sie kann Bakterien enthalten, die besonders bei Kleinkindern zu schweren Erkrankungen führen können. Experten raten, Rohmilch vor dem Trinken zu kochen, um die Bakterien abzutöten. Dabei kommt es allerdings zu erheblichen Vitaminverlusten.

Wichtig ist, auf den Fettgehalt von Milch und Milchprodukten zu achten – Produkte mit 1,5 % Fett sind die beste Wahl, denn so lassen sich versteckte Fette einsparen. In der Kühltheke finden Sie ein breites Angebot an mageren Varianten: von Joghurt über Quark bis zum Pudding. Bei Crème fraîche ist die fettreduzierte Alternative Crème légerè. Crème balance mit 7,5 % Fett ist die fettreduzierte Alternative zu Sauerrahm oder saurer Sahne. Auch beim Käse ist ein mäßiger Fettgehalt von 35 bis 40 % Fett i. Tr. empfehlenswert, bevorzugen Sie beim Frischkäse die fettreduzierte Version.

Milch ist kein Durstlöscher! Wegen ihres hohen Nährwertes gilt Milch nicht als Getränk, sondern als flüssiges Lebensmittel.

Einmal geöffnet verdirbt H-Milch genauso schnell wie Frischmilch. Sie sollte daher im Kühlschrank aufbewahrt und innerhalb von drei bis fünf Tagen verbraucht werden.

Tipps für Milch-Allergiker

Kinder, die Milchzucker oder Milcheiweiß nicht vertragen, brauchen spezielle Empfehlungen vom Kinderarzt. Bei Milchzuckerunverträglichkeit können Sie in der Regel auf Käse und auf Joghurt oder andere Sauermilchprodukte ausweichen. Bei einer Milcheiweißallergie muss Ihr Kind das Kalzium durch andere Lebensmittel aufnehmen. Geeignet sind kalziumreiche Mineralwässer (mindestens 150 mg Kalzium pro Liter), kalziumangereicherte Fruchtsäfte sowie kalziumreiches Gemüse (s. Tipp: Mein Kind mag keine Milch!).

Ohne Kalzium kein Knochenaufbau

Knochen sind lebendiges Gewebe, dass ein Leben lang umgebaut wird. Im Kindes- und Jugendalter überwiegt der Knochenaufbau. Im Alter von etwa 30 Jahren ist die optimale Knochendichte erreicht, danach überwiegen Knochenabbauprozesse. Das Skelettsystem ist mit einer Sparkasse vergleichbar, bei der bis zum 30. Lebensjahr Kalzium als Guthaben eingezahlt wird. Nach dem 30. Lebensjahr kann die Höhe des Guthabens nur noch gehalten bzw. von dem Guthaben abgehoben werden. Je größer die Knochenmasse bis dahin ist, desto länger bleibt der Knochen fest und desto später wird er brüchig. Lag die Kalziumversorgung in der Jugend nicht im optimalen Bereich, setzt der altersbedingte Knochenabbau bei einer niedrigeren Knochendichte ein. Dies hat zur Folge, dass es relativ früh zu einer ungenügenden Stabilität der Knochen und damit zu einem erhöhten Risiko für die Knochenkrankheit Osteoporose kommt.

Und wie viel Milch am Tag?

Kinder sollten drei Portionen Milch und Milchprodukte am Tag verzehren. Das sind zum Beispiel ein Glas Milch zum Frühstück, plus eine Scheibe Käse auf das Pausenbrot, plus ein Joghurt am Nachmittag.

Die Anstatt-Tabelle

anstatt	lieber
Rohmilch	pasteurisierte Frischmilch oder H-Milch
fetter Käse (über 30 % Fett i. Tr.)	Käse bis 30 % Fett i. Tr.
Sahnejoghurt	fettarmer Joghurt mit 1,5 % Fett
Doppelrahmfrischkäse	körniger Frischkäse
Quark über 10 % Fett	Magerquark mit Mineralwasser verrühren

In Maßen tierisch gut: Fleisch, Fleischwaren, Fisch und Eier

Fleisch und Fleischwaren liefern neben hochwertigem Eiweiß und wichtigen Vitaminen vor allem den Mineralstoff Eisen. Der Körper kann Eisen aus Fleisch besonders gut aufnehmen und verwerten. Trotzdem müssen Sie nicht jeden Tag Fleisch auf den Tisch bringen: Zwei- bis dreimal pro Woche sind genug.

Für die Eisenversorgung ist es egal, ob Sie Rind-, Schweine-, Geflügel- oder Lammfleisch wählen. Da jede Fleischsorte andere Vorzüge hat, empfiehlt es sich, abzuwechseln. So liefert Rindfleisch noch viel Zink, Schweinefleisch viel Vitamin B_1 und Geflügelfleisch ist besonders fettarm. Fleisch und Wurst enthalten neben ihren wertvollen Inhaltsstoffen allerdings auch unerwünschte Begleitstoffe wie Fett, Cholesterin und Purine.

Bei Geflügel können Sie Fett einsparen, indem Sie die Haut abschneiden. Denn das Fettgewebe liegt bei Geflügel unter der Haut, reines Muskelfleisch ist viel magerer.

Deshalb sollten sie nicht jeden Tag gegessen werden. Wählen Sie vor allem fettarme Wurst- und Fleischwaren. Zu den fettarmen Wurstsorten gehören gekochter und geräucherter Schinken, Lachsschinken, Putenbrust, Geflügelwurst, Braten- und Aspik-Aufschnitt. Sie können sich auch mit Hilfe des Etiketts oder durch Nachfragen an der Verkaufstheke über den Fettgehalt informieren.

Eier sind bei den meisten Kindern sehr beliebt, ob als Frühstücks-, Rühr- oder Spiegelei, aber auch in Pfannkuchen oder „Armen Rittern". Eier sind besonders vitamin- und mineralstoffreich, enthalten aber auch Fett und Cholesterin. Daher sollten nur drei Stück pro Woche gegessen werden.

Seefisch ist unsere beste natürliche Jodquelle. Kein anderes hier übliches Lebensmittel enthält von Natur aus genügend Jod, um unseren Jodbedarf zu decken. Der Körper braucht Jod für den Aufbau der Schilddrüsenhormone, die lebenswichtige Aufgaben erfüllen. Erhält die Schilddrüse nicht ausreichend Jod, gleicht sie diesen Mangel durch Wachstum aus und es entsteht ein Kropf.

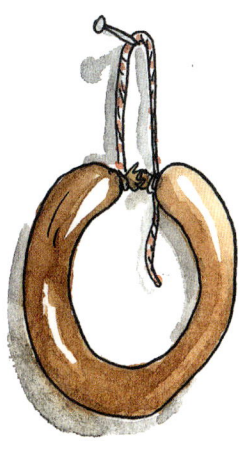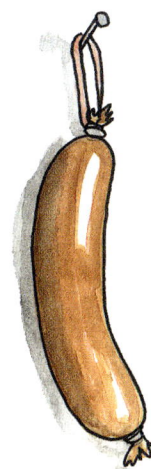

Je nach Sorte und Fettanteil haben insbesondere Seefische einen relativ hohen Gehalt an den sogenannten Omega-3-Fettsäuren. Diese können den Blutfettspiegel und den Blutdruck günstig beeinflussen und die Fließeigenschaft des Blutes verbessern. Des weiteren können sie Ablagerungen in den Blutgefäßen vorbeugen und das Risiko, Herz-Kreislauf-Erkrankungen zu bekommen, senken. Zu den besonders wertvollen Seefischen gehören zum Beispiel Schellfisch, Seelachs, Kabeljau, Lachs, Makrele, Hering, Thunfisch und Rotbarsch. Das vielfältige Angebot und die zahlreichen Zubereitungsarten von Fisch bieten Abwechslung auf dem Speiseplan und eine leckere Alternative zu Fleischgerichten.

Und wie viel Fleisch oder Fisch?

Kinder brauchen pro Woche maximal drei Mahlzeiten, die eine kleine Portion Fleisch liefern, plus dreimal mageren Wurstbelag, plus drei Eier. So erhalten sie alle wichtigen Nährstoffe und haben keine Nachteile durch die unerwünschten Stoffe. Seefisch sollte mindestens einmal pro Woche auf den Tisch kommen.

Sparen und richtig auswählen: Fette und Öle

Fette und Öle sind mit ihren lebensnotwendigen Fettsäuren und ihren fettlöslichen Vitaminen wichtig für den Körper. Aber zu viel Fett ist ungesund: Eine fettreiche Ernährung kann zu Übergewicht und auch – bereits bei Kindern – zu erhöhten Blutfettwerten führen. Verwenden Sie Fett also sparsam und wählen Sie das richtige Fett aus!

Fett ist nicht gleich Fett. Die einzelnen Fette sind unterschiedlich zusammengesetzt und wirken daher im Stoffwechsel ganz verschieden. Tierische Fette wie Butter, Schmalz und Sahne haben eine eher ungünstige Zusammensetzung, während viele pflanzliche Öle große Mengen an wertvollen Fettsäuren und Vitaminen enthalten – vor allem Raps-, Oliven-, Sonnenblumen-, Maiskeim- und Sojaöl. Der Fettbedarf sollte vorwiegend durch pflanzliche Fette gedeckt werden.

Fettbewusst essen

Eine fettbewusste Lebensmittelauswahl bedeutet, dass ein Erwachsener täglich etwa 40 Gramm und ein Kind zwischen 25 und 30 Gramm sichtbares Fett essen kann. Das entspricht für den Erwachsenen etwa zwei Esslöffeln Margarine oder Butter, zwei Esslöffeln Speiseöl und höchstens ein bis zwei Teelöffeln Fett zum Braten. Das heißt, Butter oder Margarine dünner aufs Brot schmieren, fürs Kochen

und Braten beschichtete Pfannen und Töpfe verwenden, fettarme Zubereitungsarten wählen wie Grillen, Dämpfen, Dünsten, Garen in Folie oder im Wok und nur selten Frittieren oder Speisen panieren.
Weniger Fett essen muss aber nicht kompliziert sein: Wer Getreideprodukte, Gemüse und Obst in den Mittelpunkt seiner Ernährung stellt, frische Lebensmittel, fettarme Milchprodukte, Käse oder Wurstsorten bevorzugt, kann eine fettarme Ernährung umsetzen und muss weder auf Genuss noch auf gelegentliche Schlemmereien verzichten. Nur rund ein Viertel der Fette, die wir verzehren sind sichtbare Fette und Öle. Der Rest stammt aus Süßigkeiten, Knabbereien, Milchprodukten und vor allem aus Fleisch und Wurst.

Und wie viel Fett am Tag?

Empfohlen werden rund 25 bis 30 Gramm Speisefett pro Tag und Kind. Das entspricht ungefähr 1,5 Esslöffeln Öl, zwei Teelöffeln Butter oder Margarine und einem Teelöffel Fett zum Braten.

Wann kommt was am besten auf den Tisch?

Nicht nur was, sondern auch wann und wie viel Kinder essen, spielt eine wichtige Rolle. Kinder haben einen relativ kleinen Energiespeicher. Um eine Unterversorgung und damit Müdigkeit, Leistungsabfall und Konzentrationsstörungen zu vermeiden, ist es wichtig, für regelmäßigen „Nachschub" zu sorgen. Fünf Mahlzeiten am Tag haben sich bewährt:

- erstes Frühstück zu Hause
- Pausenfrühstück am Vormittag
- Mittagessen
- Zwischenmahlzeit am Nachmittag
- Abendessen

Regelmäßige Mahlzeiten geben dem Tag eine Struktur, an der sich die Kinder orientieren können. Studien haben gezeigt, dass das in der Kindheit erlernte Essverhalten und der Mahlzeitenrhythmus im Erwachsenenalter überwiegend beibehalten werden.

Niemand ist den ganzen Tag in Bestform

Jeder hat Zeiten, in denen er leistungsfähig ist und in denen er sich schlapp fühlt. Das liegt an unserem Biorhythmus. Eine ausgewogene Ernährung kann unsere Leistungskurve positiv beeinflussen. Am Vormittag erreicht die Leistungskurve – unterstützt durch das erste und zweite Frühstück – ihren Höhepunkt. Zu Mittag folgt ein Absinken der Leistungsfähigkeit, was durch das Mittagessen abgefangen werden kann. Am Nachmittag steigt die Kurve wieder auf ein Leistungshoch, erreicht allerdings nicht mehr die gleiche Höhe wie am Vormittag. Eine kleine Zwischenmahlzeit unterstützt dieses Leistungshoch. Abends erfolgt dann ein erneutes Absinken.

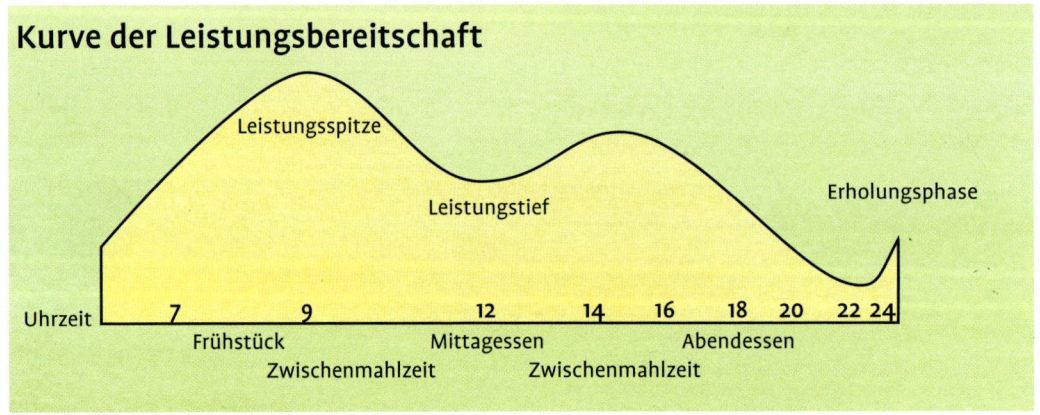

Kurve der Leistungsbereitschaft

Leistungsspitze

Leistungstief

Erholungsphase

Uhrzeit 7   9   12   14   16   18   20   22 24

Frühstück   Mittagessen   Abendessen

Zwischenmahlzeit   Zwischenmahlzeit

Wie wichtig ist das Frühstück?

Ein richtiges Frühstück steigert Leistungs- und Konzentrationsfähigkeit – es ist ein wichtiger Energielieferant am Morgen. Daher ist zumindest eine Kleinigkeit zum Frühstück empfehlenswert, um mit voller Kraft in den Tag starten zu können. Nach acht bis zwölf Stunden Schlaf sind die Energie- und Nährstoffreserven des Körpers auch ohne körperliche Anstrengung aufgebraucht.

Zu einem optimalen Frühstück gehören:

- **Milch und Milchprodukte, z. B. fettarme Milch, Käse, Joghurt, Quark**
- **Getreideprodukte wie Brot und Müsli**
- **frisches Obst (Äpfel, Erdbeeren oder ein Glas Saft) und Gemüserohkost (Möhren, Gurkenscheiben, Paprika)**
- **Getränk, z. B. Fruchtsaftschorle, Mineralwasser, Kräuter- oder Früchtetee**

Ein solches Frühstück ist der beste Start in den Tag. Es steckt voller Vitamine, Mineralstoffe und versorgt den Körper für längere Zeit gleichmäßig mit Energie. Wer morgens noch kein komplettes Frühstück essen mag, sollte zumindest zu einem Glas Milch, Kakao, Orangensaft oder zu einem Joghurt greifen. Das Energie- und Nährstoffdefizit können Frühstücksmuffel kurze Zeit später durch ein etwas größeres Pausenfrühstück in der Schule wieder ausgleichen.

Tipps für Frühstücksmuffel

- **Wecken Sie Ihr Kind rechtzeitig, damit das Frühstück in angenehmer Atmosphäre und ohne Hektik stattfinden kann.**
- **Wenn es möglich ist, frühstücken Sie am besten gemeinsam.**
- **Ihr Kind darf mitentscheiden, was es frühstücken möchte.**
- **Frühstücksmuffel sollten wenigstens ein Glas Milch, Kakao oder Fruchtsaft trinken. Das eigentliche Frühstück packen Sie ihm dann in seine Frühstücksdose.**

Kinder sollten auf jeden Fall ein Pausenbrot und ein Getränk mit in die Schule nehmen, um Energie und Nährstoffe „aufzutanken" und so einem Leistungsabfall vorzubeugen. Erstes und zweites Frühstück sind die wichtigsten Mahlzeiten des Tages.

Das ideale Pausenfrühstück

- Geeignete Pausenbrote sind Vollkornbrot oder -brötchen dünn bestrichen mit Butter, Margarine oder Frischkäse und belegt mit magerem Schinken, fettarmer Wurst, Käse oder vegetarischem Brotaufstrich. Knackig werden die Brote, wenn sie zusätzlich mit einem Salatblatt, ein paar Gurkenscheiben oder Paprikastreifen belegt werden.
- Appetitlich werden die Brote durch eine abwechslungsreiche Auswahl, mundgerechte Portionen oder das Schneiden in lustige Formen.
- Ein Joghurt, ein fettarmer Quark mit klein geschnittenem Obst oder auch ein Milch-, Joghurt- oder Buttermilchdrink ergänzen das Schulbrot.
- Obst und Gemüse nach Saison wie Erdbeeren, Apfelschnitze, Kirschen, Melonenstücke und Gurken, Paprika, Karotten oder Tomaten werden zum beliebten Fingerfood und erfrischen in den Pausen.
- Ausreichend Flüssigkeit in Form von Mineralwasser, ungesüßten Kräuter- oder Früchtetees oder Fruchtsaftschorlen sollte den Kindern immer zur Verfügung stehen, denn das löscht den Durst und lässt die Nahrung besser „rutschen".

Diejenigen, die ausgewogen frühstücken, sind im Unterricht konzentrierter, besser gelaunt und aktiver als Frühstücks-Muffel.

Das Mittagessen – etwas Warmes braucht der Mensch

Das Mittagessen ist ideal für die warme Mahlzeit des Tages. Da einige Lebensmittel wie Kartoffeln, Nudeln, Fleisch, Eier und verschiedene Gemüsesorten nicht roh gegessen werden können, hat die warme Mahlzeit eine wichtige Bedeutung für die Nährstofflieferung. Ein kindgerecht zusammengestelltes Mittagessen enthält rund ein Drittel des täglichen Energiebedarfs. Zu einer warmen Mahlzeit gehören Stärkelieferanten wie Kartoffeln, Nudeln oder Reis sowie viel Gemüse oder Hülsenfrüchte und Salat, Fleisch, Geflügel oder Fisch. Als Nachtisch gibt es Milchprodukte zum Beispiel Joghurt, Quark, Pudding und Obst. Wichtig ist, auf einen abwechslungsreichen Speiseplan zu achten. So erreichen Sie ein optimales Nährstoffangebot, die Kinder lernen

die verschiedensten Speisen kennen und jeder Geschmack wird berücksichtigt.

Manche Kinder benötigen nach dem Mittagessen eine kleine Pause, bevor sie mit den Hausaufgaben anfangen. Gönnen Sie ihnen diese!

Zwischenmahlzeiten – der Extra-Energieschub

Nachmittags tut eine kleine Zwischenmahlzeit gut: Obst, Joghurt, Gemüsestückchen aber auch ein paar Kekse, Waffeln oder ein belegtes Brot überbrücken die Zeit bis zum Abendbrot.

Mein Kind isst ständig zwischendurch!

Vielleicht reichen die Mengen nicht, die Ihr Kind bei den regulären Mahlzeiten isst, da es dann keinen Appetit mehr hat. Eventuell isst es aber auch nur aus Langeweile. Oder es gibt bei Ihnen keine festen Essens-Zeiten? Und wie steht es mit Ihnen? Wie oft knabbern Sie zwischendurch etwas? Denken Sie daran, Kinder ahmen Vorbilder nach. Der Kühlschrank ist kein Selbstbedienungsladen: je kleiner die Kinder sind, desto stärker sind sie mit der freien Auswahl überfordert. Je häufiger Kinder selber für ihre Zwischenmahlzeiten verantwortlich sind, desto häufiger sind sie auch übergewichtig. Sollten Sie nachmittags nicht zu Hause sein, dann stellen Sie für Ihre Kinder eine Zwischenmahlzeit, die sie sich nach Bedarf nehmen können, bereit. Regelmäßige Mahlzeiten sind für Kinder wichtig. Bewährt haben sich drei Haupt- und zwei

Zwischenmahlzeiten. Sie erleichtern eine gleichmäßige Zufuhr von Energie und Nährstoffen und bieten damit die Grundlage von Wohlbefinden und Leistungsfähigkeit.

Abendessen – die Abrundung des Tages

Wenn es mittags nur kalte Küche gibt, sollte abends warm gegessen werden. Ansonsten können Sie das Abendessen sehr abwechslungsreich gestalten. Es muss nicht immer nur Wurst- und Käsebrote geben: Als Brotbelag eignen sich auch Tomaten, Gurken, vegetarische Brotaufstriche oder selbst gemachter Kräuterquark, dazu gibt es zum Beispiel klein geschnittenes Gemüse mit leckeren Dips oder einen bunten Salat. Ein Milchprodukt gehört in jedem Fall dazu. Damit das Abendessen nicht schwer im Magen liegt, sollte es nicht zu spät stattfinden. Das Abendessen bietet die letzte Chance des Tages, noch versäumte Nährstoffe aufzunehmen. Entscheiden Sie entsprechend der bisher am Tag gegessenen Mahlzeiten, ob es ein obst-, gemüse- oder vollkornreiches Abendbrot gibt. So können Sie eine ausgewogene Ernährung geschickt abrunden.

Mit der „Zwischenmahlzeit" ist nicht das „Dauer-Snacken" von Süßigkeiten oder Knabbereien gemeint, das sich immer mehr verbreitet.

Schön ist es, gemeinsam am Abendbrottisch sich die Erlebnisse des Tages zu erzählen!

Rund ums Gewicht

Viele Kinder haben, bezogen auf ihr Alter und vor allem auf ihre Körpergröße, ein „falsches" Körpergewicht – zu hoch oder zu niedrig. Das sollte man im Auge behalten. Die Bewertung, ob ein Kind über- oder untergewichtig ist, darf jedoch nicht als Momentaufnahme erfolgen, sondern muss im Zusammenhang mit seiner Entwicklung über einen längeren Zeitraum beobachtet werden.

Ist mein Kind zu dick oder zu dünn?

Fragen Sie sich manchmal, ob auch Ihr Kind ein wenig zu moppelig ist oder ob es nicht ein wenig mehr Speck um die Rippen haben dürfte? Oder haben Freunde oder Ihr Kinderarzt Sie bereits auf das Gewicht Ihres Kindes angesprochen? Sie können selber überprüfen, ob Ihre oder die Bedenken Ihrer Umwelt berechtigt sind. Anhand von Körpergewicht und Größe des Kindes lässt sich der sogenannte Body-Mass-Index (BMI) ermitteln. Je nach BMI und Alter kann mit Hilfe von Tabellen das Gewicht des Kindes als unter-, normal- oder übergewichtig eingeordnet werden.

Den BMI Ihres Kindes errechnen Sie nach folgender Formel:

$$BMI = \frac{Körpergewicht \ in \ kg}{Körpergröße \ in \ m \ x \ Körpergröße \ in \ m}$$

Beispiel: Max wiegt 62 kg und ist 1,60 m groß.
BMI = 62 : (1,6 x 1,6) = 24,2
Der BMI von Max ist 24,2.

Mit Hilfe der sogenannten Gewichts-Perzentilen können Sie nun feststellen, wie das Gewicht Ihres Kindes einzuschätzen ist. Tragen Sie den ermittelten BMI in Kombination mit dem Alter Ihres Kindes in die Tabelle ein. Nun können Sie auf einen Blick sehen, ob Handlungsbedarf in Sachen Gewicht besteht. Solange der Wert im grünen Bereich liegt, ist alles in bester Ordnung.

In unserem Beispiel bedeutet es, dass Max, der 11 Jahre alt ist, Übergewicht hat und kurz davor ist, starkes Übergewicht zu bekommen.

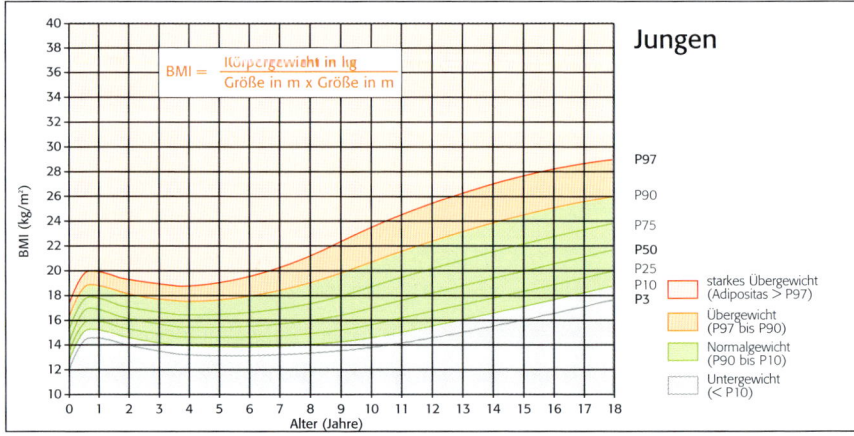

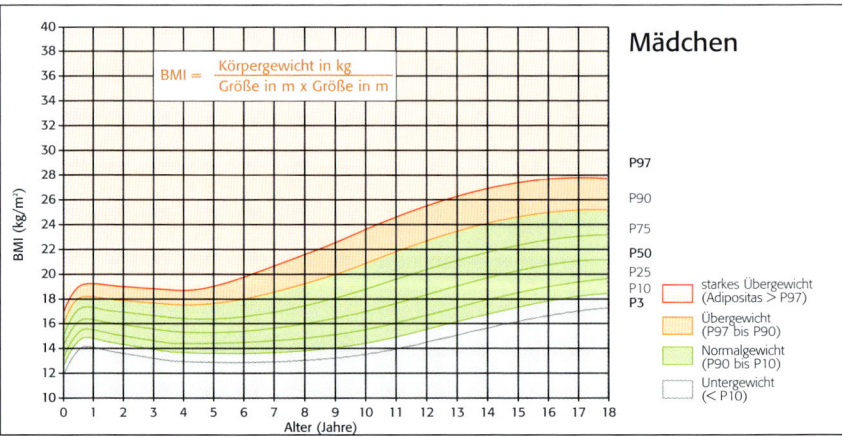

(Quelle: Arbeitsgemeinschaft Adipositas im Kindes- und Jugendalter, Leitlinien (www.a-g-a.de)

Entspannung gibt Kraft

Wir leben in einer Zeit, die von Hektik, Stress und Leistungsdruck geprägt ist. Alltägliche Belastungen und Reizüberflutungen durch Fernseher, Computer, Gameboy & Co. beeinträchtigen bereits das körperlich-seelische Gleichgewicht von Kindern und Jugendlichen und führen nicht selten sogar zu ernsthaften gesundheitlichen Problemen. Viele Kinder zeigen durch ihr Verhalten, dass sie mit den Anforderungen, die in Kindergarten, Schule, Familie und durch den Termindruck, der in der Freizeit an sie gestellt wird, überfordert sind. Sie reagieren mit psychosomatischen Beschwerden wie Bettnässen, Nägelkauen, Bauch- und Kopfschmerzen. Stressursachen können unter anderem sein: zu hohe Leistungsanforderungen, Versagensängste oder Versagen in der Schullaufbahn, mangelnde Zukunftsperspektiven, die Abnahme familiärer Bindungen oder Mobbing. Entspannung, Ruhe und Ausgeglichenheit werden daher immer wichtiger, um Gesundheit und Leistungsfähigkeit zu erhalten. Es gilt, mit den Kindern Bewältigungsstrategien zu trainieren, wie zum Beispiel Entspannungsübungen. Diese können zwar die Belastungen selbst nicht mindern, sie können Kindern aber helfen, gelassener, konzentrierter und selbstbewusster die täglichen Herausforderungen zu meistern.

Es gibt verschiedene Möglichkeiten zur Entspannung. Welche für Ihr Kind am besten geeignet ist, müssen Sie einfach ausprobieren:

- **Autogenes Training**
- **Yoga**
- **Progressive Muskelentspannung (PME)**
- **Atemübungen**
- **Fantasiegeschichten**

Eine ganze Reihe verschiedener Institutionen bieten solche Kurse an, zum Beispiel die Volkshochschule, der Turnverein, die Krankenkasse oder die Familienbildungsstätte.
Wichtig ist, die erlernten Entspannungsmethoden ganz selbstverständlich in den Alltag zu integrieren, um dauerhaft Erfolge zu erzielen.

Einfach mal abschalten und eintauchen in eine Welt der Erholung: Mit dem Ausmalen von Mandalas lassen sich für Kinder (und Erwachsene!) Momente entspannender Ruhe schaffen.

Kinder in Bewegung bringen

Treppauf, treppab – mehr Bewegung im Alltag und in der Freizeit

Täglich gibt es viele Anlässe für Bewegung. Es kommt darauf an, diese zu erkennen und zu nutzen. Ihre Einstellung als Eltern ist die wichtigste Voraussetzung dafür. Wenn Sie kürzere Wege selbstverständlich zu Fuß gehen oder mit dem Fahrrad zurücklegen, brauchen Sie sicherlich weniger Überredungskünste als andere, um die Kinder zum Laufen oder Rad fahren zu animieren.

Bewegung ist alltäglich

Das bequeme Alltagsleben läuft bereits mit einigen wenigen Maßnahmen deutlich bewegter ab (tut übrigens auch den Erwachsenen gut). Ab jetzt gilt:

- Treppen steigen statt mit der Rolltreppe oder dem Fahrstuhl fahren. Das macht richtig Spaß, wenn Sie um die Wette laufen oder die Zeit mit der Stopp-Uhr messen. Wie schnell bin ich heute oben?
- Zu Fuß oder mit dem Fahrrad zur Schule, zu Freunden oder zu Veranstaltungen. Sollte der Schulweg so weit sein, dass der Bus genommen werden muss, einfach ein oder zwei Busstationen später ein- oder aussteigen.
- „Mama-Taxi" fährt nicht mehr, ist die Devise! Kinder müssen nicht überall hingefahren werden. Zu Fuß gehen oder mit dem Fahrrad zu fahren ist sehr wohl zumutbar und tut den Kindern richtig gut! Beschränken Sie Ihre „Hol- und Bringdienste" auf ein Minimum!
- Zuhause können die Kinder sich aktiv an der Haus- und Gartenarbeit beteiligen und selbstverantwortlich bestimmte bewegungsintensive Aufgaben wie Staub saugen, Unkraut jäten, Laub harken, Hund ausführen (auch vom Nachbarn), zum Briefkasten laufen, übernehmen.
- Kommt Ihr Lieblings-Lied im Radio? Dann ist ein, ausgelassener Tanz mit Ihrem Kind genau richtig.
- Was fällt Ihnen sonst noch ein? Achten Sie mal in Ihrem Alltag darauf, wann Sie sich mehr bewegen könnten.

Bewegung im Sportverein

Neben den Alltagsaktivitäten ist es sinnvoll, auch die Freizeit sportlich anzugehen. Gerade in Städten, wo die Kinder nicht viele Möglichkeiten zum Toben haben, bietet sich dafür das Angebot von Sportvereinen, Familienbildungsstätten, Volkshochschulen, Turn- und Spieltreffs an. Wichtig ist, herauszufinden, welche Sportart Ihrem Kind liegt, damit es nicht gleich zu Beginn schon wieder die Lust verliert. Vor einer festen Anmeldung sollte Ihr Kind einige Schnupperstunden besuchen dürfen, um festzustellen, ob

- ihm die Sportart tatsächlich gefällt,
- es mit dem Leistungsstand der Gruppe mithalten kann,
- es mit dem Trainer und den anderen Kindern gut auskommt.

Schüchternen Kinder hilft es, wenn sie die neue Sportart gemeinsam mit einem Freund oder einer Freundin kennen lernen können. Sprechen Sie mit den Eltern aus der Nachbarschaft oder der Klasse Ihres Kindes. Und ein weiterer Punkt, der nicht übersehen werden darf, ist die Erreichbarkeit der Sportstätten: Kann das Kind den Weg alleine bewältigen oder ist das „Mama-Taxi" nötig? Sind bei weiter entfernten Sportangeboten Fahrgemeinschaften mit anderen Eltern möglich? Sie sollten dies unbedingt berücksichtigen, damit „Sport und Spaß" nicht zu „Hektik und Stress" werden.

Wenn das Kind angemeldet ist, sollte klar sein, dass dieser feste Termin nur bei besonderen Anlässen wie zum Beispiel einem Kindergeburtstag ausfallen darf. Ein „Heute habe ich keine Lust", gilt nicht!

Welcher Sport für welches Alter?

Vorschulalter

Im Alter von 3 bis 6 Jahren sollen Bewegung und Sport vor allem die natürliche Lebensfreude des Kindes unterstützen und so das Wohlbefinden und den allgemeinen Gesundheitszustand stabilisieren. Sie können bei Ihrem Kind bereits motorische Fähigkeiten wie Kraft, Geschicklichkeit, Beweglichkeit und Ausdauer fördern. Wichtig ist, dass dies in spielerischer Form abläuft und kein gezieltes Training stattfindet! Gleichzeitig können sich die Kinder in diesem Alter bereits spezielle Fertigkeiten, wie den Umgang mit Kleingeräten aneignen und grundlegende Spielformen erlernen. Für Ball- und Fangspiele beginnen sich die Kinder ab 4 Jahren zu interessieren. Spielplatz & Co. spielen jetzt ebenfalls eine große Rolle. Aber auch im Kindergarten sollte es Bewegungsaufgaben geben.

Viele Sportvereine bieten darüber hinaus bereits geeignete Bewegungsangebote für Kinder im Vorschulalter an, wie zum Beispiel Baby- bzw. Kleinkindschwimmen oder Eltern-Kind-Turnen. Und nicht vergessen, auch hier gilt: Das Vorbild der Eltern weckt das Sportinteresse schon bei den Jüngsten.

Schulalter

Im Schulalter brauchen Kinder bewegungsfreundliche Spielräume, Freiflächen, Bolzplätze, Plätze zum Rad-, Skateboardfahren und Inline-Skaten. Dazu kommt der Schulsport, der möglichst durch ausgebildete Sportlehrer unterrichtet werden sollte. Im Sportverein findet Ihr Kind sicherlich eine Sportart, die zu ihm passt. Das breite Angebot der 86.000 Sportvereine in Deutschland von Fußball, Tennis, Basketball über Judo, Gymnastik, Leichtathletik bis hin zum Rudern und Hockey sollte ab diesem Alter genutzt werden; vielleicht sogar als Wettkampfsport.

Esskultur und Freude am Essen

Schaffen Sie sich eine eigene Familien-Esskultur: Eine Familienkultur, die auf der einen Seite Beständigkeit, Tradition und ein Gemeinschaftsgefühl bewahrt, auf der anderen Seite aber neugierig und offen ist für neue Impulse, gibt den Kindern einen wichtigen Halt. Jede Familie ist anders, doch ein Merkmal haben „starke" Familien mit selbstbewussten Kindern gemein: Das Gefühl der Zusammengehörigkeit. Viele Kleinigkeiten tragen zu einem solchen Zusammengehörigkeitsgefühl bei, am wirkungsvollsten sind jedoch:

- **Familienzeit**
- **Familienregeln**
- **Familienrituale**

Familienzeit ist nicht nur Freizeit, sondern sind auch gemeinsam erledigte Pflichten wie einkaufen gehen, Tisch decken oder die Küche aufräumen. Familienregeln sind Regeln, die von allen Familien-Mitgliedern akzeptiert und gemeinsam ausgehandelt werden: Wer ist dran mit Abspülen, Tisch abräumen oder Müll rausbringen? Was eine Familie ganz besonders zusammenhält sind Familien-Rituale: Das ist nicht nur das Feiern von Festen, sondern auch das gemeinschaftliche Abendessen, der Sonntags-Brunch oder das regelmäßige gemeinsame Kochen am Wochenende.

Eine Studie mit Senioren zeigte, dass diese Senioren noch immer an genau den Ernährungsgewohnheiten festhalten, die sie in ihrer Kindheit verinnerlicht hatten.

Wer für den Geschmack einer reifen Erdbeere Begeisterung zeigt, muss niemanden zum Probieren überreden.

Früh übt sich gesundes Ess-Verhalten

Esskultur und Tischsitten, die Auswahl der Lebensmittel und das Mahlzeitenverhalten – diese Ernährungsgewohnheiten werden bereits im Kleinkindalter geprägt und sind mit etwa 8 Jahren gefestigt.

Das Vorbild der Eltern – vor allem das der Mutter – hat für das Ess-Verhalten und für die Ess-Vorlieben immer noch den höchsten Stellenwert, gefolgt von der Meinung der Freunde und dem Einfluss von Kindergarten und Schule. Eltern tragen also in punkto Ernährung eine große Verantwortung: Wer seinem Kind eine gesunde Ernährungsweise vorlebt, hat gute Chancen, dass das Kind sie übernimmt und auch als Erwachsener beibehält. Wenn Eltern mit Genuss essen, verlockt dies Kinder mehr, als wenn Eltern schlecht gelaunt im Essen herumstochern. Wer sich mit Appetit über ein Vollkornbrot, ein Müsli oder eine Gemüseplatte hermacht, muss seinen Kindern nicht mehr erklären, dass dies gesund ist, denn dann kommt es gar nicht erst zur Gegensatzbildung von „gesund und lecker". Wenn das, was sinnvoll ist, mit Spaß umgesetzt wird, sind Vorträge über Wichtigkeiten nicht nötig.

Kinder lassen sich durchaus für gesundes Essen begeistern – allerdings nicht mit dem Argument „Gesundheit", denn sie fühlen sich ja nicht krank. Kinder erwarten negative Folgen einer ungesunden Ernährung schnell: „Ich habe gestern drei Eistüten gegessen und bin überhaupt nicht dick geworden!" Wenn nicht kurzfristig etwas passiert, werden Drohungen nicht ernst genommen.

Schaffen Sie Gemeinsamkeiten

Gehen Sie mit Ihren Kindern gemeinsam einkaufen und zeigen Sie ihnen, worauf es ankommt, wie Sie Obst aussuchen, wie Sie frisches Gemüse an seiner Festigkeit erkennen. So lernen Kinder, was Qualität bedeutet – und erfahren Respekt vor Lebensmitteln. Es lohnt sich, innerhalb der Familie Zeit ins Kochen zu investieren. Zusammen mit dem Nachwuchs kochen dauert zwar länger, doch Sie als Eltern gewinnen auch Zeit – Zeit für Ihr Kind, das die gemeinsame Arbeit in der Küche genießt. Gemeinsames Kochen begeistert die meisten Kinder, weckt ihre Kreativität und Geschicklichkeit und stärkt das Zusammengehörigkeitsgefühl. Kinder erleben, dass Kochen richtig Spaß macht.

Beim gemeinsamen Kochen bieten sich zahlreiche Gelegenheiten, die verschiedensten Dinge rund ums Thema Essen zu erklären, zum Beispiel wo die verschiedenen Lebensmittel angebaut werden, Küchentricks aus Omas Zeiten und natürlich auch, warum wir eigentlich essen und welche Speisen uns besonders gut tun. So kommen die kleinen Genießer in lockerer Atmosphäre auf den feinen Geschmack frischer Kost und gesunde Essgewohnheiten prägen sich auf fröhliche Weise ein.

Der erste selbst gemachte Schoko-Pudding ist eine leckere Anerkennung für das Werkeln in der Küche.

Schaffen Sie feste gemeinsame Essenszeiten sowohl für den Alltag als auch für die Feiertage. So sehr strenge Strukturen früher als belastend empfunden wurden, so sehr vermisst man sie heute. Wenn Sie jede Mahlzeit erst neu verabreden müssen, dann wird das gemeinsame Essen schon im Vorfeld anstrengend.

Kochen Sie typische Gerichte für bestimmte Situationen und Anlässe – zu Weihnachten gibt es Mamas besonderen Kartoffelsalat, an Ostern kommt der selbst gebackene Osterkranz auf den Tisch und beim Kindergeburtstag darf der heiß geliebte Vanille-Pudding mit toller Verzierung nicht fehlen. Besondere Familienspeisen und Ess-Stile sind ein unverwechselbares Stück Familien-Biographie und zaubern begeisternden Glanz in Kinderaugen. Aber auch Erwachsene backen immer wieder gerne Omas Streuselkuchen nach Familienrezept. Über eine solche Ess-Kultur werden Identität und Gemeinsamkeit hergestellt.

Beschließen Sie gemeinsame Familien-Regeln rund ums Essen: Dazu kann gehören, wann gemeinsam gegessen wird, dass vor dem Essen nur noch Rohkost oder Obst „genascht" werden darf, dass Neues neugierig probiert wird, dass man sich an dem satt isst, was angeboten wird und vieles mehr. Je mehr „Selbstverständlichkeiten" die häusliche Esskultur bestimmen, desto weniger Kämpfe gibt es.

Treffpunkt Esstisch

Essen ist Gesprächszeit, der Esstisch ist Treffpunkt für die ganze Familie. Gemeinsame Mahlzeiten stärken den Familienzusammenhalt, machen Spaß und strukturieren den Alltag. Alle Familienmitglieder an einen Tisch zu bekommen ist aber oft gar nicht so einfach: Die Eltern sind berufstätig, haben gesellschaftliche Verpflichtungen, die Kinder müssen in den Kindergarten, in die Schule, haben eine Vielzahl an Terminen zum Beispiel im Sportverein, Musikunterricht oder bei der Nachhilfe. Da bleibt nicht viel Zeit für gemeinsame Mahlzeiten. Trotzdem sollte es in der Familie möglich sein, mindestens einmal am Tag gemeinsam zu essen. Dabei ist es unerheblich, ob es das Frühstück, das Mittag- oder das Abendessen ist. Viel wichtiger ist es, eine gute Tischatmosphäre zu schaffen. Das fängt mit einem guten Tischgespräch an. Unangenehme Themen sind beim Essen tabu! Vorwürfe wegen des Chaos im Kinderzimmer, Streit mit Nachbarskindern, Ärger in der Schule – dabei kann einem echt der Appetit vergehen! Bei Tisch sollte eine heitere Stimmung herrschen, auch unerfreuliche Berichte aus dem Büro haben hier keinen Platz. Reden Sie über angenehme Dinge: Wohin soll der Ausflug am Wochenende gehen? Was hat heute am meisten Spaß gemacht? Erzählen Sie lustige Geschichten und Witze. Jeder darf mitsprechen und mitlachen! Auch ernsthafte Gespräche und Diskussionen können geführt werden.

Tischsitten – weder altmodisch noch überflüssig

Und noch ein Wort zu Tischsitten: Sie sind Regeln, die ihren Sinn in der gegenseitigen Achtung und im sicheren Umgang mit verschiedenen Ess-Situationen haben.

Der eine matscht auf dem Teller, der andere turnt auf seinem Stuhl, der dritte lümmelt vor dem Fernseher – heutzutage neigen viele Eltern dazu, ihren Kindern zu wenige Regeln zu setzen. Entsprechendes Chaos herrscht bei den Familienmahlzeiten. Essen in Gemeinschaft schmeckt aber besser, wenn sich alle an einige Spielregeln halten. Hüten sie sich allerdings vor ständigen Ermahnungen. Tischsitten lernen Kinder durch die Praxis und Ihr Vorbildverhalten. Ziel sollte nicht die Dressur der Kinder, sondern ein sicherer und souveräner Umgang beim Essen mit anderen sein. Ein Lob an der richtigen Stelle bewirkt viel mehr als Belehrungen. Schließlich soll das Essen allen Spaß machen!

Gemeinsames Essen stärkt das „Wir-Gefühl" in der Familie. Außerdem lassen sich an der Familientafel Ess-Manieren ganz selbstverständlich lernen, ebenso teilen, Rücksicht nehmen und jeden zu Wort kommen lassen.

Tischmanieren für groß und klein

- Vor dem Essen ist das Hände waschen selbstverständlich. Und wenn es nötig ist, gilt das auch für das Gesicht. Die Haare zu kämmen und ein sauberes T-Shirt anzuziehen, um einen angenehmen Anblick zu bieten, wäre ebenfalls nett.
- Der Tisch wird gemeinsam gedeckt – auch in der Küche und an den Wochentagen. Mit einfachen Mitteln, wie einer hübschen Tischdecke oder mit Sets, lustigen Servietten, bunten Kerzen oder einem selbst gepflückten Blumenstrauß schaffen Sie eine gemütliche Atmosphäre.
- Schön ist es, wenn das Essen mit einem gemeinsamen Ritual begonnen wird. Das kann ein fröhlicher Spruch, ein kräftiges „Guten Appetit!" oder ein kurzes Tischgebet sein.
- Am besten hat jeder seinen eigenen Stammplatz, dann gibt es keine Diskussionen bis alle endlich sitzen.
- Erst wenn alle bei Tisch sitzen, wird gemeinsam mit dem Essen begonnen. Wenn jeder kommt und geht wie er will, ist keine gemeinsame Mahlzeit möglich. Rumlaufen ist ungemütlich und findet während des Essens nicht statt.
- Es wird beim gemeinsamen Essen nicht nebenbei gespielt, gelesen, fern gesehen, telefoniert oder ähnliches, denn das verhindert das Familiengespräch.
- Bei Tisch wird nicht gestritten.
- Jeder darf sich erst mal eine kleine Portion nehmen. Hat man noch Hunger, gibt es einen Nachschlag.

- Alle bleiben am Tisch sitzen, bis der letzte Esser fertig ist und man gemeinsam die Tafel aufhebt. Kleinere Kinder müssen so lange sitzen bleiben, bis alle anderen Kinder fertig sind. Dann wird aber gefragt: „Dürfen wir jetzt aufstehen?"
- Manierliches und appetitliches Verhalten ist angesagt, das heißt: Nicht mit vollem Mund reden, nicht den Ellenbogen aufstützen, nicht schmatzen oder rülpsen und nicht vergessen, eine Serviette zu benutzen.
- Über das Essen wird nicht gemeckert! Schließlich sind die Mahlzeiten mit Liebe und Mühe zubereitet worden.
- „Mag ich nicht" gilt nur für denjenigen, der wenigstens einmal probiert hat. Danach sollten Sie das „Nein" der Kinder akzeptieren.

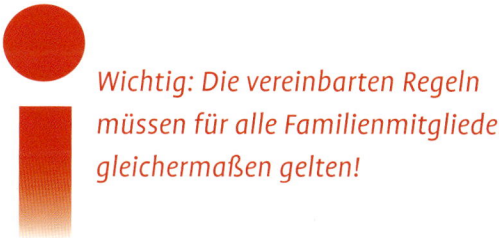

Wichtig: Die vereinbarten Regeln müssen für alle Familienmitglieder gleichermaßen gelten!

Für das Restaurant üben

Vermitteln Sie Ihren Kindern schon im Vorfeld, dass ein Restaurantbesuch etwas Besonderes ist – durch Vorfreude und auch durch schöne Kleidung. Sie können zu Hause üben, Kellner und Gast spielen, den Tisch edel decken und Ähnliches. Allerdings keine zu hohen Ansprüche: Flecken gehören bei Kindern einfach dazu!

Rezeptübersicht

Grundlagen der Kinderernährung

Welche Lebensmittel braucht ein Kind?

Wann kommt was am besten auf den Tisch?................... 114

Rund ums Gewicht

Entspannung gibt Kraft............. 119

Kinder in Bewegung bringen

Esskultur und Freude am Essen

Dr. Oetker ist Mitglied in der Plattform
Ernährung und Bewegung e.V.

Für Fragen, Vorschläge oder Anregungen steht Ihnen der Verbraucher-service der Dr. Oetker Versuchsküche Telefon: 0 08 00 71 72 73 74
Mo.–Fr. 8:00–18:00 Uhr, Sa. 9:00–15:00 Uhr (gebührenfrei in Deutschland) oder die Mitarbeiter des Dr. Oetker Verlages
Telefon: +49 (0)521 52 06 58 Mo.–Fr. 9:00–15:00 Uhr zur Verfügung.
Oder schreiben Sie uns: Dr. Oetker Verlag KG, Am Bach 11,
33602 Bielefeld oder besuchen Sie uns im Internet unter
www.oetker-verlag.de oder www.oetker.de

Copyright	© 2009 by Dr. Oetker Verlag KG, Bielefeld
Autorin	Eva Zovko, Fachjournalistin für Ernährung, Marburg
Rezeptentwicklung und -beratung	Erika Stelljes-Müller, Gnarrenburg
Redaktion	Jasmin Gromzik, Miriam Krampitz
Grafisches Konzept und Gestaltung	M·D·H Haselhorst, Bielefeld
Titelgestaltung	kontur:design, Bielefeld
Illustrationen	Carmen Hochmann, Bielefeld
Innenfotos	Ulli Hartmann, Bielefeld (S. 6–69) Thomas Diercks, Hamburg (S. 71–75, 79–83, 89–95) Antje Plewinski, Berlin (S. 77, 85–87, 97)
Foodstyling	Claudia Potgeter, Nordhorn
Reproduktionen	MOHN Media · Mohndruck GmbH, Gütersloh
Druck und Bindung	MOHN Media · Mohndruck GmbH, Gütersloh

ISBN: 978-3-7670-0987-5